JULIEN TIERSOT

Histoire de la Marseillaise

Amour sacré de la patrie,
Conduis, soutiens nos bras vengeurs :
Liberté, Liberté chérie !
Combats avec tes défenseurs.
Sous nos drapeaux, que la victoire
Accoure à tes mâles accens,
Que tes ennemis expirans
Voient ton triomphe et notre gloire...

Aux armes, &c.

PARIS
LIBRAIRIE DELAGRAVE
15, RUE SOUFFLOT, 15

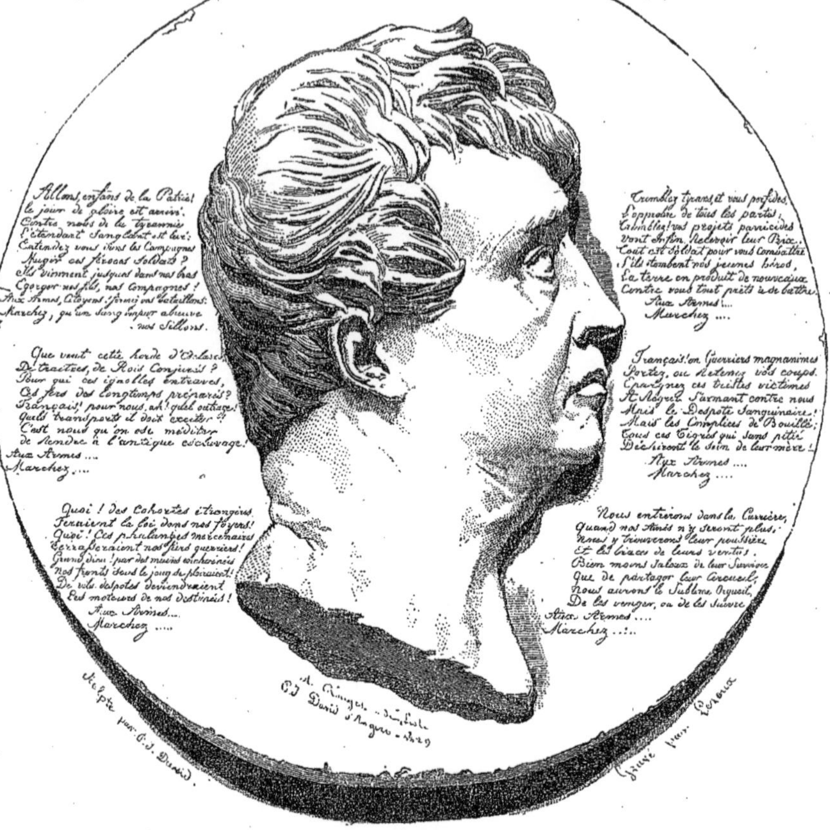

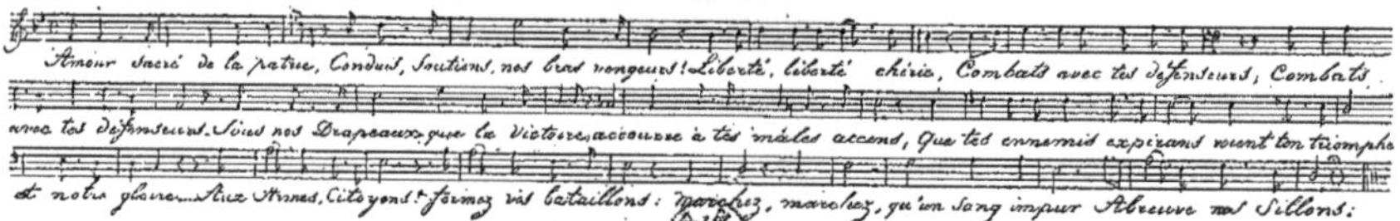

J. ROUGET DE LISLE

Né le 10 Mars 1760, à Lons le Saulnier (Jura)
Auteur de l'Hymne des Marseillais (Paroles et Musique)

1839.

à Monsieur Silbermann

David

JULIEN TIERSOT

Histoire de la Marseillaise

NOMBREUSES GRAVURES DOCUMENTAIRES

FAC-SIMILÉS, AUTOGRAPHES, ŒUVRES MUSICALES DE ROUGET DE LISLE

8 PLANCHES HORS TEXTE

PARIS
LIBRAIRIE DELAGRAVE
15, RUE SOUFFLOT, 15

TABLE DES MATIÈRES

PRÉFACE

Rouget de Lisle, parlant un jour de la Marseillaise *devant un maître de l'art, qualifiait son œuvre de « feu de paille ».*

C'était, certes, trop de modestie; la flamme qu'il a fait jaillir, loin d'avoir brillé d'un éclat momentané, illumine aujourd'hui plus que jamais le monde.

A une heure où le chant national français combat à la tête des armées unies pour faire vaincre la cause de la civilisation, il importe que l'histoire de ce chant, symbole de liberté, de vaillance et de sacrifice, soit connue de tous, que l'on sache discerner les causes qui l'ont fait naître et qu'on en mesure à leur véritable proportion les effets merveilleux.

L'hymne créé en 1792, à Strasbourg, par un officier français, en une heure d'exaltation, au jour fatal de la déclaration d'une guerre qui dure encore, est sans doute l'œuvre la plus étonnante qu'ait produite le génie lyrique, car aucun chef-d'œuvre de l'art n'a joué un pareil rôle dans la vie des peuples.

Devant une création si disproportionnée, la personnalité de l'auteur doit s'effacer : aussi est-ce sur l'histoire de la Marseillaise *bien plus que sur la biographie de Rouget de Lisle que nous devrons porter le principal de notre attention. Encore est-il juste que nous appréciions l'effort de celui-ci, et que nous sachions ce que l'œuvre dans laquelle tout le monde a reconnu la voix de la patrie doit à l'homme choisi par la destinée pour lui donner la forme nécessaire.*

C'est pourquoi nous avons voulu raconter de nouveau cette histoire, en retraçant la vie de Rouget de Lisle, principalement au cours des années qui en furent le moment le plus décisif, mais surtout en disant quelles furent les destinées d'un chant qui, après un siècle et quart d'une vie déjà glorieuse, attend des événements actuellement en cours le couronnement triomphal seul digne de lui.

HISTOIRE

DE

LA MARSEILLAISE

CHAPITRE PREMIER

ROUGET DE LISLE AVANT LA MARSEILLAISE

I

Je passais un jour dans les rues de Lons-le-Saulnier par une belle après-midi de septembre. C'était dimanche. La ville, dans une animation inaccoutumée, était pleine de soldats, et j'en étais : nous revenions des grandes manœuvres du 7e corps. Marchant au hasard, j'arrivai à l'entrée d'une grande promenade plantée d'arbres en quinconces, aux frondaisons vivaces, aux ombrages touffus, une de ces plantations vieilles de plusieurs siècles comme on en trouve de pareilles dans toutes nos anciennes villes de l'Est. Celle-ci porte un nom tout à fait superbe : c'est la « Promenade de la Chevalerie ».

En avant des premiers arbres, sur un haut piédestal en marbre des montagnes du Jura, est une statue de bronze se dressant dans un mouvement énergique et véhément. C'est Rouget de Lisle. L'artiste — Bartholdi — ne lui a pas donné cet air farouche sous lequel il est traditionnel de représenter le chantre de *la Marseillaise*. La physionomie a plutôt une expression d'allégresse et d'ardeur joyeuse. Rouget de Lisle ne s'évertue pas ici à lever « l'étendard sanglant » ; il ne songe ni aux « féroces soldats » ni au « sang impur » ; il chante : « Le jour de gloire est arrivé. »

C'est bien ainsi que devait être représenté l'homme qui personnifie le chant français, chant de l'action et chant de la joie.

Derrière la promenade s'étend une vallée resserrée entre deux murailles de montagnes, premières assises de la chaîne du Jura. Peu hautes en cet endroit, mais s'élevant presque à pic, elles ont un aspect calme et doux. Des forêts les couronnent; des maisons blanches se détachent de loin en loin sur les coteaux, au milieu des vignes. Tout au sommet, sont pittoresquement perchés, à des hauteurs diverses, deux jolis villages, qui, frappés directement par un jaune soleil d'automne, ressortaient à cette heure avec un relief lumineux. L'un surtout attirait l'œil. Posé au-dessus de la partie la plus escarpée de la montagne, vers le midi, ses maisons suivaient la crête en la prolongeant; au milieu, une église avec une tour carrée, un clocher pointu couvert d'ardoises et dont les arêtes garnies de zinc luisaient au soleil, dominait tout le pays, paraissant, dans l'éloignement, toute petite.

Je consultai la carte d'Etat-major pour connaître le nom de ce village, et je lus : Montaigu.

C'était donc là le pays aimé de Rouget de Lisle, le village où il a passé les plus douces années de son enfance et où, même au seuil de la vieillesse, il revenait encore avec joie. Il a chanté, dans un morceau qui est une de ses meilleures pièces lyriques, le « toit paternel, champêtre asile » où le sort ne permit pas qu'il finît sa vie, et duquel, les mauvais jours venus, il ne s'éloigna pas sans une vive douleur.

Je voulus aller visiter ce lieu. Bien que l'étape eût été longue, je n'hésitai pas à accomplir sur-le-champ ce pélerinage, et m'apprêtai à gravir la montagne.

Le chemin passe au milieu des vignes qui garnissent le coteau, produisant un vin clair et savoureux dont les lettres intimes de

Rouget de Lisle ont souvent vanté les mérites. Il s'élève en lacets, dans un paysage d'abord assez monotone. Par derrière, Lons-le-Saulnier s'éloigne, et l'horizon s'agrandit peu à peu; puis soudain, après une demi-lieue environ de marche, à un tournant de la route, on se trouve à l'entrée du bourg. Un plateau s'étend sur la droite; à gauche, la vallée se creuse profondément; la route va entre deux rangées de maisons, passe à côté de l'église, dont la haute tour apparaît maintenant noire et massive, puis, après deux ou trois cents mètres, sort du village et se remet à grimper dans la montagne.

La maison de Rouget de Lisle, une des principales du pays, est bâtie tout au sommet de la crète, dominant la vallée. Elle a son entrée au milieu du village, en face d'une fontaine : assez bien conservée, elle offre un spécimen exact des maisons bourgeoises du dix-huitième siècle. Le portail donne accès sur une petite cour; un vestibule précède la salle principale, garnie de boiseries anciennes et de fenêtres à petits carreaux vitrés. Enfin, à l'opposé de l'entrée, s'étend un large balcon en pierre, formant terrasse, garanti par une balustrade en fer ouvragé à la mode du temps de Louis XV; après, c'est le vide, le coteau descendant presque à pic, avec des jardins potagers en terrasses, des vergers, quelques arbres. En bas, la vallée.

De ce balcon, la vue est vraiment admirable, et l'on comprend le goût de Rouget de Lisle pour ce séjour. Sur la droite, l'étroite combe de la Conliège se relève et va se perdre dans la montagne; en face, la côte monte parallèlement à celle de Montaigu; entre les deux, dans un vallon populeux, coule la petite rivière de la Vallière, faisant mouvoir moulins et scieries, traversant les prairies où, le 14 juillet 1790, tandis qu'à Paris les délégués de la France entière célébraient au Champ de Mars la première fête de la Liberté, ceux des communes du Jura vinrent, avec la même ferveur, prononcer le serment de la Fédération, puis baignant le bord de la promenade de la Chevalerie, dont les arbres jaunis par les approches de l'automne s'étendent, épais et touffus, jusqu'à la ville. Enfin, Lons-le-Saulnier s'étale sur ses rives, entouré, de distance en distance, par de petits mamelons pointus, aux formes pittoresques, semés d'arbres ou de vignes et surmontés, ici de la ruine d'un château féodal, là d'un bâtiment plus moderne dont le toit d'ardoise brille au soleil. Au delà, s'étend à perte de vue, avec ses villages, ses champs, ses bois, l'immense, fertile et un peu monotone plaine de la Bresse.

Bien que certaines traditions locales fassent naître à Montaigu l'auteur de *la Marseillaise*, qu'il y ait passé son enfance, y soit revenu plus tard et y ait habité plusieurs années, la vérité est qu'il a vu le jour dans la ville.

Claude-Joseph Rouget est né à Lons-le-Saulnier, le 10 mai 1760, au premier étage de la maison portant aujourd'hui le numéro 24 de la rue du Commerce (ou des Arcades), la plus centrale et l'une des plus anciennes rues que Lons-le-Saulnier ait conservées. Son père, Claude-Ignace Rouget, était « Avocat en Parlement », ainsi qu'en témoignent l'acte de baptême de l'enfant et son propre acte de mariage, datant de l'année précédente (1759); il prit dans la suite le titre d'Avocat du roy au baillage et présidial de Lons-le-Saulnier. Certains biographes le font descendre d'un sieur Rouget, échevin en la ville de Lons-le-Saulnier depuis 1723, mais un historien local assure que l'avocat au Parlement ne fut reçu bourgeois à Lons-le-Saulnier qu'en 1763. Le père de ce dernier, François Rouget, était bourgeois de Dôle.

Par le côté paternel, Rouget de Lisle est donc d'origine nettement franc-comtoise : le nom de Rouget est d'ailleurs commun dans le pays.

Sa mère, Jeanne-Magdelaine Gaillande, est née dans la même ville, le 9 septembre 1734; mais elle est d'origine dauphinoise. Elle épousa l'avocat Rouget, en l'église Saint-Désiré, le 23 avril 1759. Claude-Joseph fut leur premier enfant; après lui, ils en eurent sept autres, dont deux, Théodore-Eléonor, né en 1768, et Marie-Joseph, en 1774, moururent en bas âge : les six survivants, dont le futur auteur de *la Marseillaise* était l'aîné (après lui, Claudine-Marguerite (1761), Théodore-Hippolyte (1762), Simone-Christine (1763), Jeanne-Monique (1766) et Claude-Pierre

(1770), formèrent autour de leurs parents une nombreuse famille que des contemporains ont dit avoir vue souvent réunie à Montaigu.

Une tradition dont, à ma connaissance, on ne retrouve pas de traces dans le Jura, mais qui a été confirmée par des publications postérieures, fait de Rouget de Lisle le neveu de Bailly, le maire de Paris en 1789. Lorsque, plus tard, il publia dans ses *Essais en vers et en prose* la poésie de *la Marseillaise* qu'il avait, à l'origine, dédiée au Maréchal Luckner, il modifia, en même temps que

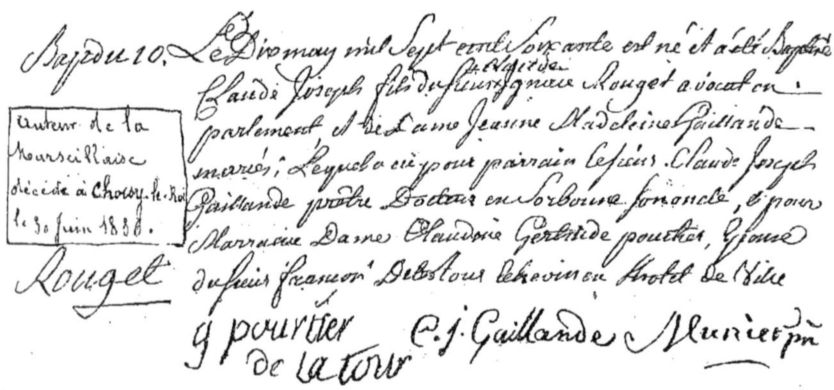
Bapt. du 10. Le Dix may mil sept cent soixante est né et a été baptisé Claude Joseph fils du sieur Ignace Rouget avocat en parlement et de dame Jeanne Madeleine Gaillande mariés; lequel a eu pour parrain le sieur Claude Joseph Gaillande prêtre Docteur en Sorbonne son oncle, et pour marraine Dame Claudine Gertrude pourtier, Epouse du sieur François Delatour échevin en l'hotel de Ville

Rouget

auteur de la Marseillaise décédé à Choisy-le-Roi le 30 juin 1836.

G pourtier de la tour — C. J. Gaillande — Munier pr.

Acte de baptême de Rouget de Lisle.

le titre, l'attribution primitive de l'hommage, qu'il fit passer « aux mânes de Sylvain Bailly, premier maire de Paris ».

Le nom de « de Lisle » ne figure dans aucun document ancien relatif à la famille. Tous les actes nomment le père « Rouget » tout court. Un représentant d'une génération postérieure, Amédée Rouget de Lisle, auteur de *la Vérité sur la Paternité de la Marseillaise*, a donné sur cette addition les explications suivantes :

« Le père de l'auteur de *la Marseillaise* s'appelait Claude Rouget. Le nom ajouté de « de Lisle » est celui de mon grand-père. Ce nom fut ajouté à celui de Rouget, vers 1777 ou 1778, pour faciliter l'entrée de mon illustre parent à l'École militaire, qui ne recevait alors que des cadets gentilshommes. »

D'autres menus documents, contemporains de cette présentation du fils de bourgeois à l'école du génie, viennent confirmer que l'époque est, en effet, celle où la famille eut pour la première fois des préoccupations de noblesse. De fait, après son entrée dans la carrière militaire, notre auteur se faisait volontiers appeler du seul nom de « de Lisle », « de Lille » ou « Delille »; mais la forme complète « Rouget de Lisle » resta toujours celle de son nom officiel, le seul qui figure sur ses états de service et dans les pièces conservées aux archives de la guerre; et dès que le chant de *la Marseillaise* l'eût rendu célèbre, lui-même l'adopta définitivement (1).

II

Dans les dernières années de sa vie, entouré d'un petit cercle d'amis et d'admirateurs, particulièrement de quelques jeunes franc-comtois que la renommée de leur compatriote avait attirés auprès de lui, Rouget de Lisle aimait à évoquer ses souvenirs d'enfance et de jeunesse.

Il contait, par exemple, une histoire d'enlèvement dont, petit enfant, il avait failli être victime. Il était à Montaigu. Les campagnes, en ce temps-là, étaient infestées par des troupes de bohémiens nomades, véritables plaies pour le pays. Un jour, il fut volé par une de ces bandes : déjà une mégère, l'ayant enveloppé dans son tablier, l'emportait hors du village, lorsque le chien de la maison donna l'alarme, et, par ses aboiements, fit découvrir le méfait. Si ce chien devint un ami pour l'enfant et pour la famille, on le devine! Rendons-lui grâce, nous aussi, puisque sans lui *la Marseillaise* n'aurait jamais existé!

Autre anecdote du même genre : il avait six ans lorsqu'une troupe de musiciens ambulants, passant par Montaigu, s'arrêta sur la place et se mit à jouer. Ce concert en plein vent le plongea

(1) Aucun document authentique n'orthographie « de l'Isle », suivant la forme, prétentieuse autant qu'inexacte, qui semble prévaloir aujourd'hui.

dans le ravissement. Il n'avait jamais rien entendu de pareil; le sentiment musical qui était chez lui à l'état latent, s'éveilla pour la première fois; il manifesta une telle joie que tout le monde s'en amusa. Le chef, le plaçant sur un grand cheval chargé d'une paire de timbales, lui mit dans les mains les baguettes de l'instrument; et l'enfant de frapper en mesure, avec un parfait sentiment du rythme, au grand ébahissement des badauds. Le jeu lui plut si bien que, lorsque les musiciens s'éloignèrent, il les suivit, toujours monté sur son grand cheval et tapant sur ses timbales. On court après lui, on le ramène à la maison paternelle : pleurs, reproches de la mère; mais lui de répondre : « Oh! maman, ils jouaient si bien du violon! »

D'une petite trouvaille faite dans sa ville natale, il semble résulter que la musique n'était pas ignorée dans son entourage. Il y a une trentaine d'années, on a découvert chez un bouquiniste de Lons-le-Saulnier une douzaine de volumes de musique, la plupart gravés, deux copiés à la main, portant, dans un cartouche, les noms suivants : « Gaillande — à M. Rouget, avocat du roi. » On en peut inférer que le père et la mère de Rouget de Lisle n'étaient pas étrangers à la pratique de l'art. Au reste, nous ne savons rien des études qu'il fit lui-même, et qui, cela est certain, ne dépassèrent jamais le niveau de celles d'un amateur bien doué et ayant l'amour de la musique. Il jouait du violon, mais nous ignorons qui le lui a enseigné : lui-même, dans le rappel de ses souvenirs de jeunesse, n'a jamais parlé à personne de ses professeurs de musique. Mis au collège de Lons-le-Saulnier dès qu'il en eut l'âge, il reçut l'éducation d'un premier-né de famille bourgeoise : ses parents ayant voulu lui donner des talents d'agrément, et le violon étant fort du goût de leur époque, il est probable qu'il étudia cet instrument sous la direction d'un maître de musique de la ville, et qu'à cela se bornèrent toutes les études musicales qu'il fit jamais. Quant à la composition, il ne la pratiqua jamais que d'une manière tout empirique, instinctivement d'abord, puis en imitant les maîtres, et nous verrons bientôt qu'il fut toujours loin de ce que l'on appelle un fort en harmonie.

Poursuivant ses études au collège de la ville, il revenait à Montaigu toutes les fois que l'occasion s'en présentait. A Montaigu se rapportent tous ses souvenirs de jeunesse. « Séjour charmant de mon enfance », tel est le premier vers de l'élégie dont il composa plus tard les paroles et la musique en l'honneur de ce lieu chéri :

Ici ma douce et tendre mère
Epia mes premiers accents;
Ici l'œil inquiet d'un père
Surveillait mes défauts naissants.
Aux jeunes accords de ma lyre,
Ici, plein d'un trouble enchanteur,
Je vis la beauté me sourire
Et sentis palpiter mon cœur.

Je ne donne pas ces vers comme un miracle de poésie, mais comme l'expression d'un sentiment sincère et constant. Chaque année, pendant les vacances, sorti du collège, jeune officier, il se retrouvait en famille, vivant en bonne intelligence avec ses nombreux frères et sœurs, desquels, par le droit d'aînesse, il dirigeait les jeux, ne détestant pas de se donner le spectacle de la crédulité des bonnes gens en racontant le plus sérieusement du monde les vieilles histoires du pays. La ruine du château féodal de Montaigu existait encore au temps de son enfance; il en vit démolir les derniers débris en 1784. L'on rapporte qu'à ce moment, d'accord avec ses trois sœurs et ses deux frères, il avait si bien su monter l'imagination d'une vieille demoiselle du voisinage que celle-ci ne cessait de se livrer aux recherches les plus saugrenues pour découvrir les trésors qu'elle croyait fermement y être enfouis. — L'historien franc-comtois qui raconte ce trait, nous donne un autre détail, confirmé par Charles Nodier, qui complète d'une façon assez singulière la physionomie de la famille de l'avocat Rouget : il paraît que tout le monde était plus ou moins bossu dans cette famille-là ! Le père, la mère, étaient bossus; ç'avait été un mariage de bossus, et la fatale hérédité s'était naturellement étendue sur tous les rejetons. « Cette difformité allait fort loin chez Delisle quand il fut arrivé aux trois quarts de sa carrière. L'exhaussement irrégulier de son épaule droite avait déplacé et exhaussé le côté droit de sa tête, en sorte que le côté droit de son visage formait une ligne oblique avec le côté gauche. La joue droite, l'œil et le sourcil droits étaient plus élevés que les mêmes traits de l'autre côté. » Le portrait est peu flatteur, mais non sans originalité.

En 1776, âgé de seize ans, ayant accompli au collège les années d'études réglementaires, Joseph Rouget, désormais Rouget de Lisle, s'éloigna pour la première fois du pays natal; il vint à Paris et entra à l'École du génie militaire.

Des six ans qu'il y passa, rien de particulier à dire : cette époque de la vie est, pour tous les hommes destinés à suivre une carrière spéciale, la moins intéressante : période de travail et de préparation, non de production immédiate; âge où les passions s'éveillent, où le cœur bat pour la première fois, mais, sauf exceptions, sans laisser de traces profondes. Quelques biographes, fidèles à la méthode sentimentale qui eut longtemps le don d'inspirer la littérature et l'histoire, ne manquent pas, dans leurs récits de cette partie de la vie de Rouget de Lisle, de faire des allusions voilées à des histoires d'amour. L'un parle discrètement d'une passion contrariée dont le souvenir aurait été si durable qu'il l'aurait plus tard empêché de se marier. Un autre raconte une aventure tragique : encore à l'École, étant fiancé à une jeune fille dont la famille habitait les environs de Paris, il aurait voulu lui donner, pour sa fête, le divertissement d'un feu d'artifice, mais aurait si mal pris ses dispositions qu'une fusée serait allée frapper la fiancée à la tête et la blesser mortellement : anecdote peu vraisemblable, et qui serait peu à l'honneur de l'adresse du futur ingénieur. Un troisième va plus loin : racontant les circonstances relatives à la naissance de *la Marseillaise,* il ne craint pas de rendre Rouget de Lisle amoureux d'une des nièces du maire de Strasbourg, pensant évidemment rendre ainsi son récit plus attachant. Ces historiettes n'ont aucune base. Aucun des biographes franc-comtois, les seuls qui aient vraiment connu Rouget de Lisle, n'a parlé de ses amours. Avant que le malheur se fût définitivement acharné sur lui, il passait pour un homme aimable, allait dans le monde, se plaisant dans la société des dames et recherché par elles; on a retrouvé dans sa correspondance nombre de lettres écrites par des femmes qui semblent avoir été fort séduites par son talent et sa personne : sa vanité en fut évidemment satisfaite, mais son cœur n'en parut pas troublé. Si Rouget de Lisle fut jamais amoureux, il a gardé son secret pour lui.

Par contre un souvenir de ce temps était resté gravé dans sa mémoire. Il allait voir quelquefois au château de Versailles une jeune dame de ses parentes qui faisait partie de la suite de la reine. Un jour qu'il était chez elle, il entendit frapper à la porte : « C'est la reine! » s'écria la dame; et, pleine de trouble, elle se hâta de cacher le jeune homme dans l'alcove, derrière les rideaux. Pourquoi cacher dans une alcove un cousin qui vient faire une innocente visite à sa cousine, ou un neveu à sa tante, c'est ce que je ne saurais approfondir : poursuivons.

Marie-Antoinette entra, accompagnée de Madame Élisabeth, et bientôt les deux jeunes princesses, « un moment débarrassées du joug de l'étiquette, se mirent à jouer, à sauter, à courir, à se livrer à toute la vive et innocente gaîté de leur âge ». Ce divertissement royal piquait naturellement au plus haut point la curiosité de l'élève de l'École militaire, qui ne tarda pas à trahir sa présence : surprise générale, confusion des coupables, explications et protestations de fidélité; et la reine, qu'on désarmait facilement avec quelques paroles marquant de la « sensibilité », parla à Rouget de Lisle avec sa bonté et sa grâce coutumières et le laissa tout ému de cette rencontre. Il ne l'oublia jamais, et l'on peut croire qu'avec sa nature encline aux illusions sentimentales elle ne fut pas sans influence sur la suite de sa vie. Quand, la Révolution venue, le chantre de *la Marseillaise* préféra briser son épée et renoncer à sa carrière plutôt que de reconnaître la légitimité des événements qui renversaient la royauté, il est probable qu'à toutes les raisons politiques ou personnelles qu'il pouvait avoir, se mêlait encore le souvenir de cette entrevue du palais de Versailles. Il avait vu la reine!

III

Après six années passées à l'École militaire, Rouget de Lisle, nommé sous-lieutenant (1782), alla terminer ses études spéciales à l'École du génie de Mézières. Il en sortit avec le grade d'aspirant-lieutenant en second au corps royal du génie, le 1er avril 1784. Il revint quelque temps dans sa famille, à Lons-le-Saulnier et à Montaigu; enfin il reçut un emploi de son grade avec affectation à Grenoble; mais il ne resta pas longtemps dans cette garnison, car il fut envoyé presque aussitôt à Mont-Dauphin, forteresse des Hautes-Alpes, perchée sur un immense rocher à pic, au confluent de la Durance et d'un autre torrent venu de la haute montagne, le Guil : pays abrupt et sauvage, qui dut paraître extraordinaire à un montagnard qui ne connaissait encore que les collines de Lons-le-Saulnier. Il y resta cinq ans et demi; en septembre 1789, nommé lieutenant en premier, il changea de région et revint dans le Jura, au fort de Joux.

La vie des officiers en ces pacifiques années de la royauté finissante, était, à la vérité, heureuse et douce. Ils jouissaient d'une grande liberté et la discipline était moins sévère, le service moins pénible pour eux qu'ils ne le devinrent pour leurs successeurs. Les officiers du génie, principalement, s'apercevaient à peine s'ils étaient soldats; ils étaient ingénieurs bien plutôt qu'officiers. Formant une élite dans le monde provincial, ils étaient reçus dans les meilleures maisons des villes où ils passaient : nous verrons que, pendant son séjour à Mont-Dauphin, Rouget de Lisle eut dans la société de la ville voisine, Embrun, les relations mondaines les plus suivies.

Il travailla son violon et se mit à faire de la poésie.

C'était une mode générale chez les jeunes hommes de la fin du XVIIIe siècle de rimer des élégies, des églogues, des fables, surtout des chansons et des pièces badines. Voltaire était le « poète » sur les vers duquel ils aimaient à modeler leur inspiration; mais il faut avouer que ceux qui avaient du génie, le manifestèrent plutôt d'autre façon que dans la matière poétique. Entre les contemporains de Rouget de Lisle, citons-en seulement trois en exemple : Carnot, Robespierre, Bonaparte. Les deux premiers, qui devaient se retrouver au comité du Salut public, furent pour la première fois collègues à la société des *Rosati* d'Arras, réunion de poètes bachiques qui récitaient ou chantaient leurs productions, couronnés de roses, groupés autour d'un autel de verdure : Robespierre y célébrait « l'homme de la nature »; Carnot y repoussait les « tumultueux désirs », tous les deux vantant à l'envi le bonheur de la vie champêtre et les plaisirs de Bacchus. Pour Bonaparte, il adressait dans le même temps à la *Saint-Huberti* des vers louangeurs — impérialement mauvais, — et écrivait une fable, que les anthologies ont recueillie, et dont le principal personnage se nomme César (ce César est un chien).

Les poésies que Rouget de Lisle composa à cette époque, ne sont pas d'une nature sensiblement supérieure. On aura une suffisante idée de leur ton général par leurs titres et quelques menus extraits :

A Mme de Meff..., *en lui renvoyant un éventail qu'elle m'avait confié dans un bal à Embrun, et que j'avais emporté par mégarde* (Mont-Dauphin, 15 août 1785).

A Hélène C..., *qui s'était embarquée sur un radeau pour aller joindre son mari parti de la veille pour la campagne* (Mont-Dauphin, 12 juillet 1786). Cette personne est, pour cette belle conduite, comparée à toutes les héroïnes de l'antiquité.

A Mme Pla..., *qui, la première fois qu'elle chanta devant moi, prit une voix fausse, grêle et tremblotante, absolument semblable à celle d'une vieille.*

A Victoire de N..., *avec laquelle on me trouvait de la ressemblance.*

A Julie de Lum..., *à qui Pasc... avait adressé une critique sur un grand chapeau dont elle faisait sa coëffure ordinaire* (Mont-Dauphin, 15 août 1786). Dans cette pièce, un journal de modes est appelé :

Un code par l'amour dicté
Pour l'usage de la Beauté.

L'ÉPOUX MALHEUREUX. L'argument (que j'abrège) dit qu'il s'agit de l'histoire d'un mari dont la femme a disparu avec son ami, « avec des preuves non équivoques de leur intelligence. On a su depuis qu'ils étaient passés en Italie. C'est ce malheureux époux qui parle ici. » Triste!...

A NICE (nom de femme dont il est de nouveau question dans une autre pièce) *dans le jardin de laquelle j'étais forcé de passer la nuit.* C'est une chanson ayant pour refrain à la fin de chaque couplet :

Pour un amant
Conçois-tu rien de plus charmant?

Parlant de la toilette de nuit de cette personne, le poète la qualifie de « joli mystère ». Le refrain est un peu osé et sent son dix-huitième siècle : Monsieur de Lisle était galant!

Il s'élance vers le lit, entr'ouvre les rideaux, appelle Adélaïde..... hélas! hélas!

Vignette des *Essais en vers et en prose*, premier recueil de poésies de Rouget de Lisle.

Poursuivons cette énumération en citant encore quelques titres et sous-titres :

A Mme B..., *en lui envoyant des violettes au milieu de l'hiver.*

A D..., *en lui envoyant quelques bouteilles de vin blanc.*

ÉPITAPHE DE ROSETTE, *jolie serine qui avait été mutilée d'une patte dans le nid, qui vint mourir sur la main de sa maîtresse, et qu'on enterra au pied d'un rosier.* Air de Jean-Jacques : *Je l'ai planté.*

A Mme DE L..., *qui faisait une quête pour payer les mois de nourrice d'un enfant dont la mère était morte en couches et dont le père était aveugle.* Air : *Jupiter, un jour, en fureur*, suivi de : *Prenez pitié d'un petit malheureux.*

Comme nous voilà encore loin de *la Marseillaise!*

Ce n'est rien diminuer du mérite de Rouget de Lisle que de dire que ces premiers essais poétiques ne dénotent aucune originalité. Une chose cependant les distingue des autres essais du même genre.

D'après la poétique du temps, les poésies lyriques, c'est-à-dire les chansons bachiques, sentimentales, badines, etc., étaient toujours composées sur des airs connus. Rouget de Lisle ne rompit pas absolument avec cette pratique : nous avons trouvé dans les citations ci-dessus des exemples de chansons portant des indications de timbres. Mais ce qui était chez les autres un usage constant, était l'exception chez lui. Sur les vingt-trois morceaux lyriques imprimés dans ses *Essais en vers et en prose*, volume imprimé chez Didot en 1796 et qui nous a conservé, sous un aspect bien caractéristique de la fin du XVIIIe siècle, ces productions de sa jeunesse, il n'y en a que cinq qui soient faits sur des airs antérieurs. Même ces airs ne sont pas des *timbres* quelconques empruntés aux *Clefs* de l'époque, et leur choix dénote un goût musical tout personnel. C'est ainsi qu'une romance d'amour faite à Mont-Dauphin est « parodiée sur un air ancien fort en vogue dans les montagnes du Dauphiné : *Or, voyez ma tant douce amie* »; Rouget de Lisle préludait par là aux adaptations artistiques des mélodies populaires, fréquentes aujourd'hui, mais qui n'étaient nullement usuelles à la fin du dix-huitième siècle. Une autre pièce du même recueil est « parodiée sur un air de Pleyel », et ce chant ne devait pas courir les rues; avec l'air de Jean-Jacques Rousseau, déjà signalé au passage, et celui de l'*Amant jaloux,* de Grétry, employé dans une sérénade de noce, nous aurons à peu près la totalité des emprunts, nullement vulgaires, comme on en peut juger.

Quant aux autres morceaux, Rouget de Lisle fit pour eux ce dont ne fût capable aucun autre poète lyrique de son siècle, sauf Rousseau : il en composa les airs. Il nous en donne l'assurance dans ses *Essais* : « Toutes les pièces lyriques de ce recueil marquées d'une * ont été mises en musique par l'auteur des paroles », dit-il en note dès le second morceau du recueil; et l'étoile paraît dix-sept fois.

Ce ne sont que des romances, et qui n'ont aucune prétention à s'élever au-dessus du niveau moyen du genre, lequel n'est pas très haut. On y peut constater une préoccupation d'expression vraie qui se manifeste, parfois non sans quelque gaucherie, mais avec une réelle sincérité. Encore la musique n'est-elle aucunement inférieure à celle que, dans le même temps, écrivaient des maîtres. Tel est le cas pour cette romance de l'*Époux malheureux* dont les vers avaient éveillé nos ironies : le chant, avec des écarts de la voix exactement modelés sur les paroles, tend manifestement à exprimer le sentiment intime, dans une forme restée d'ailleurs toute classique, telle que l'avaient fixée les successeurs italiens de Gluck. Un *Hymne au printemps* est un aimable et gracieux *lied* que des additions évidemment postérieures ont dû alourdir. Il semble enfin qu'il faille encore faire remonter à cette première époque un *Hymne au soleil couchant* que Rouget de Lisle a jugé avec raison digne de figurer dans tous ses recueils postérieurs et qui est certainement une de ses meilleures pages musicales : mélodie bien développée, d'un caractère doux, calme, harmonieux, et d'un sentiment tout classique.

Un petit chœur, intercalé dans la nouvelle *Adélaïde et Monville* (qui relate un fait réel datant des années où Rouget de Lisle était élève de l'école de Mézières) nous offrira enfin une observation digne d'être retenue. Le livre qui nous en a conservé le chant, le note pour la voix seule, — à deux voix dans la partie chorale, — sans aucune espèce d'accompagnement. Il n'est pas douteux que toute la musique de notre auteur remontant à cette première époque ait été conçue dans une forme semblablement élémentaire. Nous savons qu'en fait de composition musicale, Rouget de Lisle n'était qu'un amateur, qu'il composait d'une façon toute instinctive et n'avait fait aucune étude harmonique. Il ne prévoyait guère qu'un jour viendrait où un chant sorti spontanément de son cerveau enflammerait toutes les âmes, deviendrait le cri d'une Révolution, le chant de ralliement de la nation entière, et le rendrait célèbre à jamais.

Il semblait même attacher alors plus de prix à ses essais littéraires qu'à ses compositions musicales, et il leur consacrait bien plus de ses soins et de son temps.

IV

En effet, tout en poursuivant sa carrière militaire, il songeait à conquérir une autre gloire, celle du théâtre. Dans ses paisibles garnisons des Alpes et du Jura, il employait les loisirs que lui laissait son service, à tracer des projets de pièces; et, le démon de la musique le poussant aussi, quoiqu'il ne se sentît pas suffisamment armé au point de vue de la technique pour être son propre collaborateur musical, il donna à ces premières compositions scéniques la forme lyrique de poèmes d'opéras-comiques et d'opéras.

Nommé lieutenant en premier depuis six mois à peine, il prit un congé, vint à Paris, en février 1790, et y resta jusqu'en mai 1791, abandonnant ainsi pendant près d'un an et demi ses occupations professionnelles, à l'âge où les jeunes officiers manifestent généralement le plus d'ardeur. Mais ses ambitions le conduisaient vers une autre direction : il emportait avec lui les manuscrits de trois pièces qu'il présenta aux directeurs de l'Opéra et la Comédie italienne (l'Opéra-Comique de la salle Favart).

Au premier, il offrit un opéra-féerie en trois actes, *Almanzor et Féline,* enregistré à la date du 2 juillet 1790, sous le nom de « de Lisle », mais non représenté.

Au second, il présenta *L'Aurore d'un beau jour,* ou *Henri de Navarre,* comédie en deux actes, mêlée de chant, qui ne reçut pas un meilleur accueil.

Une troisième pièce, également présentée à l'Opéra-Comique, d'abord sous le nom de *Créqui et Clémentine,* puis définitivement, sous celui de *Bayard dans Bresce,* comédie en quatre actes en prose, mêlée d'ariettes, fut reçue et jouée l'hiver suivant (21 février 1791) avec de la musique de Champein. Elle n'obtint aucun

MAISON DE FAMILLE DE ROUGET DE LISLE A MONTAIGU (JURA).

MAISON NATALE DE ROUGET DE LISLE A LONS-LE-SAULNIER.

succès : à la première représentation, le nom de l'auteur ne fut pas demandé et on ne joua l'ouvrage que deux fois.

Rouget de Lisle dût cependant à ces vaines tentatives l'occasion d'être introduit dans le monde artiste de Paris : il en obtint notamment un avantage appréciable, celui d'une illustre collaboration. Grétry mit en musique, au moment des plus fortes agitations révolutionnaires, trois actes qu'il avait écrits sur un sujet au goût du jour, *les Deux Couvents*, « dont le but moral était de mettre dans tout leur jour l'hypocrisie et les fureurs monacales, et de prouver que la justice et l'humanité résident ensemble chez le peuple ». Ainsi Rouget s'est-il expliqué sur ses intentions en un moment où il n'était point inutile de faire de ces sortes de déclarations de principe.

Grétry.

Ce nouvel ouvrage réussit un peu mieux que le précédent, sans d'ailleurs que Grétry ait pu le comprendre dans le nombre de ceux qui ont assuré le succès de sa carrière : il l'a compté pour si peu qu'il n'en a même pas mentionné le titre dans l'énumération de ses œuvres imprimée dans ses *Essais sur la musique*. Représentés pour la première fois le 16 janvier 1792, *les Deux Couvents* furent joués une douzaine de fois jusqu'à la fin de l'année, en dernier lieu sous des titres et avec des remaniements de texte qui témoignent des préoccupations du jour : *Le Despo-*

tisme monacal ou les Deux Couvents, — Le Despotisme monacal découvert par les braves Sans-Culottes. Ces modifications furent opérées sans l'agrément de Rouget de Lisle, revenu aux armées à l'époque de ces dernières représentations.

Le plus clair du profit que le jeune officier retira de cette campagne littéraire, fut donc d'être admis à vivre quelque temps dans l'intimité familiale de l'auteur de *Richard Cœur de Lion*. Il était chez lui un soir de l'automne de 1790 quand sa fille Antoinette, dernière survivante de trois enfants chéries dont les deux premières étaient mortes coup sur coup, sortit en grande toilette pour se rendre à un bal. Le poète ne put s'empêcher d'en faire ses compliments. « Oui, répondit Grétry, elle est belle, encore plus aimable, elle va au bal, et dans quelques semaines elle sera dans la tombe!... » Le malheureux père prophétisait trop juste...

Leurs relations personnelles ne prirent pas fin avec le départ de Rouget : les deux hommes restèrent en correspondance amicale; et quand, plus tard, des doutes s'élevèrent sur la paternité du chant de *la Marseillaise,* Grétry fut des premiers, et des plus catégoriques, à apporter son témoignage et réclamer au profit de son ancien collaborateur.

V

Mais déjà, l'heure était venue où les pensées de la nation étaient occupées à des sujets plus graves. Dès lors, sans renoncer ni à la plume, ni à l'archet, Rouget de Lisle devait songer plus sérieusement que jamais qu'il avait une épée à tenir. Au fort de Joux, où l'avait amené son grade de lieutenant en premier (septembre 89), partageant son temps entre la composition de ses pièces, ses occupations militaires et la rédaction d'un rapport descriptif sur la vallée de Joux, chaque jour lui apportait les nouvelles des événements par lesquels, avec une force que nul ne pouvait concevoir, la Révolution se précipitait. A Lons-le-Saulnier, où il était revenu au mois d'août 1789, il se fit inscrire dans la Garde Nationale, prit part aux discussions publiques, et fit imprimer, sur une question qui avait soulevé des réclamations nombreuses parmi les habitants du Jura, celle de la contribution patriotique décrétée par l'Assemblée nationale, une Adresse à ses concitoyens, qui, assure-t-il, ramena les indécis et les récalcitrants à des sentiments plus conformes aux idées généreuses de 1789. Enfin, il n'y tint plus, prit un congé et vint à Paris, où il passa toute l'année 1790 (depuis février) et la première partie de la suivante (jusqu'à mai). C'est à cette époque que se rapportent ses premières tentatives théâtrales; mais il a dit lui-même, et on peut l'en croire, qu'il ne fut pas moins attiré dans la capitale par le désir de voir de près et d'étudier la marche des événements révolutionnaires. Il y était au 14 juillet, lors de la fête de la Fédération qui vit naître, avec les chants de Gossec et de Chénier, le premier élan du lyrisme révolutionnaire. Parent du maire de Paris, nul doute qu'il ait été placé mieux que personne pour tout voir de ses propres yeux. Il put se rendre compte alors de la surexcitation du peuple : avec sa nature facilement ouverte aux influences et son extrême sensibilité, lui-même dut, à cet aspect, ressentir une impression profonde. A la nouvelle des premières journées révolutionnaires, il avait rimé quelques couplets d'un *Hymne à la Liberté*, dans un mode bien différent de celui de ses premiers essais poétiques. Les événements n'allaient pas tarder à lui permettre de puiser de nouveau à cette source d'inspiration.

En effet, des bruits de guerre extérieure commençaient à devenir menaçants, et la nation se préparait à combattre. Une nouvelle promotion fit Rouget de Lisle capitaine, le 1er avril 1791. Un mois plus tard, il était envoyé à Strasbourg.

CHAPITRE II

LA MARSEILLAISE

Le capitaine Rouget de Lisle.

Les événements qui sont l'objet de ce chapitre, ne sont pas seulement les plus considérables que nous ayons à rapporter : ils sont, en vérité, l'unique raison d'être de toute cette étude. Si la Révolution n'avait poussé les esprits à cet extraordinaire degré de surexcitation, si, le jour même, la guerre n'eût point été déclarée, si un prédestiné ne se fût trouvé là au moment précis et dans le milieu nécessaire, si, en un mot, de ce concours de circonstances exceptionnelles, une seule, la moindre, fût venue à manquer, jamais l'immortel chant n'eût jailli; Rouget de Lisle, médiocre poète et modeste amateur de musique, fût demeuré à jamais obscur.

Mais un soir l'éleva vers de prodigieux sommets, tel qu'il n'en eût jamais soupçonné la hauteur. Il trouva ce que nul autre ne conçut jamais : un chant parfaitement adéquat à la pensée de tous, résumant, avec une conformité absolue, — et avec quelle intensité! — le sentiment national, l' « état d'âme » d'un grand peuple à l'heure la plus solennelle, la plus terrible, la plus héroïque, la plus décisive de son histoire.

« En récompense, il fut donné à la grande âme de la France, en son moment le plus désintéressé et sacré, de trouver un chant, — un chant qui, répété de proche en proche, a gagné toute la terre. Cela est divin et rare d'ajouter un chant éternel à la voix des nations. »

Ainsi dit Michelet, qui la connaissait bien, cette âme de la

France. Je veux parler à mon tour du chant dans lequel, depuis plus d'un siècle, la patrie a reconnu sa voix; j'en veux redire l'histoire émouvante et magnifique, et la raconter avec vérité, sachant qu'il n'est pas, dans tout le domaine de l'art, de sujet plus digne d'être tracé par une plume respectueuse des chefs-d'œuvre et accoutumée à les étudier, que celui-ci : la naissance et la création de notre chant national.

I

Quand Rouget de Lisle vint à Strasbourg, déjà était accomplie la première époque de la Révolution, celle des grandes journées parlementaires et populaires de quatre-vingt-neuf. L'élan fraternel de la Fédération de 1790 avait été admirable, mais il n'avait duré qu'un jour. Tout était bouleversé dans le fonctionnement du royaume : le roi, les nobles, les prêtres, perdaient peu à peu les plus enviables de leurs prérogatives séculaires; à ces disputes, les partis s'aigrissaient, les méfiances grandissaient, les haines s'accumulaient de plus en plus.

Dans la région de l'Est, où va se concentrer pour nous l'intérêt de cette histoire, des événements graves s'étaient déjà produits. A Nancy, des soldats, excités et soutenus par le peuple, s'étaient révoltés contre leurs officiers royalistes : le marquis de Bouillé, commandant à Metz — le même à l'adresse de qui un couplet de *la Marseillaise* lance une apostrophe virulente, — marcha contre eux et fit tirer par ses soldats sur d'autres soldats et sur les habitants d'une ville française. Bientôt l'émigration, commencée aux premiers jours de la Révolution, grandit. La noblesse de France s'exile volontairement; réunie sur les bords du Rhin, à Coblenz, à Worms, elle prétend former sur la terre allemande une *France extérieure*. Les frères du roi ont passé la frontière et négocient avec l'Autriche l'invasion de la France. Le roi ne va pas tarder à tenter de les rejoindre. Et l'on sent que la Révolution, commencée par un rêve de paix et de liberté, ne tardera pas à dévier de sa direction première, que l'ennemi est partout et que la guerre est proche.

A Strasbourg, la situation politique était peut-être encore plus embrouillée qu'ailleurs. Elle se compliquait de questions locales dont une, très importante, n'intéressait pas seulement la région, mais toute la France indépendante et révolutionnaire : celle des princes allemands possessionnés en Alsace, dont les droits féodaux, abolis par l'Assemblée constituante en même temps que ceux de toute la noblesse française, étaient revendiqués par eux avec une insistance arrogante. D'autre part, l'Alsace n'était française que depuis un siècle environ : une active propagande séparatiste s'établit dès les premiers jours, cherchant à détacher de la Révolution et de la patrie une province qui, depuis ce temps, a donné à la France tant de gages de fidélité. Puis ce furent les menées contre-révolutionnaires, et la propagande cléricale, active et remuante, s'exerçant surtout dans les couches inférieures de la population; enfin, les premières tentatives du jacobinisme naissant. De tout cela il reste de curieux vestiges, qui montrent à quel degré les esprits étaient montés : des libelles, des pamphlets, des chansons, dans un style dont cette époque seule a connu le véritable secret : les *Dîners patriotiques,* dialogues dans la manière du père Duchesne, mais dans un esprit tout opposé, car cette prose avait pour but de démontrer aux soldats de la nation qu'ils avaient bien tort de servir la Révolution et la France; — un catéchisme en allemand, répandu à travers les campagnes dans les mêmes intentions; — des appels à l'invasion; — des invectives aux représentants de l'autorité nouvelle, « tous ces puants, tous ces bandits qui seront hachés, pendus ou roués »; à Victor de Broglie, « député parjure de la noblesse d'Alsace », au maire Dietrich, pour lequel on demande « s'il ne se trouvera pas un homme assez ami du bien et de l'humanité pour brûler la cervelle ou pour enfoncer le fer vengeur dans le cœur de ce scélérat »; — une chanson en allemand, sur l'air, bien français cependant, du *Menuet d'Exaudet,* disant : « Ils tomberont, comme des traîtres, des assassins, des malfaiteurs, dans les mains du bourreau; les corbeaux voltigeront autour d'eux pour se repaître de leurs corps frétillant, dansant, chantant *Ça ira.* »

Il était vraiment besoin qu'un bon Français vînt là pour apporter un autre élément de lyrisme!

Au reste, dans la ville ces moyens grossiers avaient peu de chances de réussir. Le sentiment général était favorable à la Révolution, et la population avait, dès le début, accueilli avec joie les nouvelles des premières conquêtes de l'esprit nouveau. Après le 14 juillet 1789, lorsque, à l'exemple de Paris, toute la France se souleva, le peuple de Strasbourg ne fut pas des derniers à marcher; il envahit l'hôtel de ville où il manifesta sa haine des institutions du passé de la façon la plus démonstrative. A la fête de la Fédération du 14 Juillet 1790, on planta à l'entrée du pont de Kehl un drapeau tricolore avec cette inscription : *Ici commence le pays de la liberté!* Quelques semaines à peine après que Rouget de Lisle fut appelé à Strasbourg par son nouveau grade, il put assister au spectacle suivant : tous les habitants, à la nouvelle de l'arrestation de Louis XVI à Varennes, manifestant une joie bruyante, et, le soir, la ville s'illuminant spontanément.

Un souffle d'indépendance et de bataille régnait sur tout ce peuple. Et la proximité de la frontière, le voisinage de l'ennemi de demain, ne contribuaient pas peu à l'entretenir.

Dans cet état des choses, Strasbourg trouva un homme qui, s'il ne lui fut pas donné de rester jusqu'au bout maître de la situation, n'en joua pas moins un très grand rôle dans l'histoire de la Révolution en son pays. Il se nommait Frédéric de Dietrich. Il descendait de l'ancienne famille lorraine des Didier, qui, ayant embrassé le protestantisme, avait fui le pays après la Saint-Barthélemy, et était venue se fixer en Alsace vers la fin du XVIe siècle. Établie à Strasbourg, la famille Dietrich ne tarda pas à s'y montrer aux places les plus en vue. Plusieurs de ses membres y jouèrent un rôle politique, notamment un Dominique Dietrich qui, en 1681, prit une part active aux négociations qui firent de Strasbourg une ville française, et fut ensuite, après la révocation de l'édit de Nantes, interné à Guéret, où, sans vouloir abjurer, il resta pendant plusieurs années.

Sa descendance prospéra. Sous Louis XV, Jean de Dietrich

STRASBOURG AU XVIIIe SIÈCLE.

fut anobli à la fois par le roi de France et l'empereur d'Autriche : il pouvait signer « seigneur de Reischoffen, d'Oberbronn et de Niederbronn, comte du Ban de la Roche, etc., etc... et comte de Dietrich. » Les représentants actuels de la famille ont repris la particule que celui avec lequel nous allons avoir à faire plus ample connaissance avait abandonnée pour se conformer aux usages du temps de la Révolution : dans le même temps, le général duc Victor de Broglie, fils du maréchal de Broglie, un de ceux aussi dont le nom reviendra souvent dans ce récit, est uniformément dénommé « Victor Broglie ».

PHILIPPE FREDERIC DIETRICH.
Maire de Strasbourg en 1790, 1791, 1792.
Membre de l'Academie des Sciences
Com.res Gen.ral à la visite des mines forets
et bouches à feu de la france

Le baron Frédéric de Dietrich, ou, pour laisser à son nom sa forme historique, le maire de Strasbourg Frédéric Dietrich, était le second fils de ce Jean de Dietrich, anobli à la fois par Louis XV et par François Ier. C'était un savant et un sage. Ayant voyagé dans sa jeunesse, il avait écrit un livre sur les minières et usines des Pyrénées et de la Lorraine, et étudié la minéralogie avec les sommités scientifiques; ses travaux lui valurent d'être nommé membre correspondant, puis membre actif de l'Académie des Sciences. Il s'honorait de l'amitié de Turgot et de Condorcet. Sceptique en matière de religion, il demeura étranger au dogme pratiqué par ses ancêtres : la religion de la Liberté et de la Patrie fut la seule qu'il pratiqua jamais. Quant au reste, bon bourgeois de Strasbourg, ami du « bien vivre » et des aimables compagnies, protecteur des arts, excellent musicien, non dépourvu d'ambition personnelle et se mêlant volontiers aux luttes et aux intrigues de la politique, ayant le goût du pouvoir et les capacités nécessaires pour bien l'exercer, il est le parfait modèle de l'homme de la fin de l'ancien régime, qui fit beaucoup pour préparer le nouveau, en dirigea la marche tout d'abord, et finit par se briser dans ce choc prodigieux de deux sociétés entre lesquelles il se trouvait placé. Ses portraits le représentent avec la physionomie sérieuse et entendue d'un philosophe de ce temps-là : une figure aux traits fortement marqués, vraisemblablement assez forte en couleurs, encadrée d'une perruque poudrée, et sur laquelle brillaient des yeux bienveillants et vifs.

Il était entré dans la vie politique aux premiers jours de la Révolution. Nommé commissaire royal aux élections de 89 pour servir d'arbitre entre les différentes corporations dans l'établissement des cahiers, il présida les premières assemblées de la ville, joua le rôle de conciliateur dans les discordes qui surgirent au début, encouragea la création de la « Société de la Révolution » nommée depuis « Société des amis de la Constitution », le premier club qui ait été ouvert à Strasbourg. Sa popularité était grande. Quand, en mars 1790, fut constituée la municipalité de la ville, il fut élu maire à une très forte majorité. La qualification de « premier maire de Strasbourg » lui est restée : ce n'est pas son moindre titre de noblesse. Très actif, toujours prêt à discourir, il inspirait alors grande confiance à ses concitoyens. Dans l'été de 1791, quand Rouget de Lisle arriva, bien que de sourdes rumeurs, avant-coureuses de dissensions prochaines, commençassent à se manifester, il semblait être le maître de la situation.

Pour compléter la reconstitution du milieu où Rouget de Lisle va s'introduire et sous l'influence duquel il créera son œuvre prédestinée, il nous faut parler maintenant de l'état de la musique à Strasbourg pendant cette période du XVIIIe siècle. Cet état était florissant. Strasbourg passait pour la seconde ville de France sous ce rapport, venant immédiatement après Paris pour la richesse et la qualité de ses ressources musicales. Elle possédait deux chapelles renommées, celle de la Cathédrale et celle du Temple-Neuf; chacune avait un orchestre de vingt-cinq à trente musiciens et un chœur nombreux. Un artiste célèbre dirigeait la première : Ignace Pleyel. Deux théâtres, l'un français, l'autre allemand, jouaient l'opéra; l'orchestre du premier était un des meilleurs qu'il y eût en France. La ville payait elle-même un certain nombre de musiciens, qu'elle engageait au dehors, voulant à tout prix fixer et retenir chez elle des artistes d'une valeur sérieuse.

Chaque hiver, un concert d'abonnement dirigé par un des maîtres de chapelle, avait lieu à dates fixes et faisait entendre au public de Strasbourg des symphonies, des ouvertures, des morceaux de chant classiques et des oratorios. Ce public était excellent, curieux de belles œuvres et sachant leur faire bon accueil. Strasbourg fut la première ville française où l'on représenta la *Flûte enchantée; la Création* d'Haydn y fut exécutée presqu'en même temps qu'à Paris. En fait d'artistes renommés, elle avait, outre Pleyel, un compositeur oublié aujourd'hui, mais qui jouit d'une heure de célébrité, Edelmann, auteur d'une *Ariane dans l'île de Naxos* représentée en 1782 à l'Opéra de Paris.

Dans une ville aussi bien pourvue en ressources musicales, les amateurs ne pouvaient manquer. A ce point de vue, il est douteux qu'aucune famille de Strasbourg ait rivalisé avec la famille Dietrich, où le goût de la musique était un véritable culte, où tout le monde en pratiquait l'art, chantant ou jouant d'un instrument. Frédéric Dietrich avait une bonne voix de ténor et jouait du violon; ses talents allaient même jusqu'à la composition. Quand, plus tard, dans les années sombres de la Révolution, il fut enfermé à l'Abbaye, c'est à la musique qu'il demandait de distraire les loisirs de sa captivité : il écrivit dans sa prison une vingtaine d'allemandes qui sont restées dans ses papiers de famille.

Sa femme, Mme Louise Dietrich, née Ochs, jouait du clavecin; elle paraît même avoir eu quelques notions, tout au moins pratiques, d'harmonie et d'orchestration, car c'est elle qui, la première, fit un accompagnement à *la Marseillaise*, et, de son propre aveu, en arrangea les partitions « pour clavecin et autres instruments ».

Ils avaient auprès d'eux deux jeunes nièces, l'une et l'autre presque enfants, travaillant déjà la musique avec un goût qu'elles tenaient de la famille. Les nièces de Mme Dietrich, habitant Bâle, étaient musiciennes aussi; et quand elle envoya à son frère, leur père, une copie du chant de Rouget de Lisle, elle lui écrivit : « Les petites virtuoses qui t'entourent, n'auront qu'à déchiffrer et tu seras charmé d'entendre le morceau. » Quant aux deux fils, uniques enfants de Frédéric Dietrich, Fritz et Albert, ce sont les seuls membres de la famille sur les talents musicaux desquels nous n'ayons pas de renseignements : occupés à ce moment de choses plus graves, la défense de la patrie menacée, il est probable que, s'ils avaient auparavant cultivé l'art, ils le négligèrent momentanément.

Rouget de Lisle fut introduit dans cette maison dès son arrivée à Strasbourg. Il y fut présenté, dit-on, par Kellermann. Ses talents reconnus de poète et de musicien lui faisaient une situation privilégiée dans le corps des officiers : nous allons le voir, pendant toute la durée de son séjour à Strasbourg, grâce à l'accueil qu'il recevait chez le maire, vivre familièrement, lui simple capitaine, avec tout ce que la garnison possédait de plus hauts gradés, intime avec Victor de Broglie, chef d'état-major général, avec les généraux d'Aiguillon et Achille du Chastellet, s'attachant à leurs intérêts, se mêlant à leurs intrigues.

Il est évident que l'arrivée d'un pareil hôte, poète, bon musicien, ayant eu deux pièces jouées à l'Opéra-Comique, connaissant Grétry, était une bonne fortune pour le salon de Dietrich; et d'ailleurs, la sympathie de ce dernier ne put que grandir quand il connut mieux son caractère franc, dévoué, enthousiaste. Ils firent d'abord de la musique d'ensemble. Dietrich remplissait d'aise son partenaire violoniste en lui disant qu'il était plus fort que lui. Bientôt il songea à mettre à contribution ses talents poétiques; l'occasion de le faire ne tarda pas à se produire.

L'Assemblée constituante avait terminé ses travaux : la Constitution était achevée. Le 14 septembre 1791, en séance solennelle, le roi lui prêta serment, devant les mandataires du peuple réunis : ce fut un jour de joie; l'on put croire que l'époque des luttes était close, qu'une nouvelle ère de liberté et d'union allait s'ouvrir, et, dans toute la France, on organisa des fêtes pour célébrer l'accomplissement de cet acte.

La fête fut fixée, pour Strasbourg, au 25 septembre. Elle fut conçue sur un plan très vaste, divisée en plusieurs parties distinctes, dont l'une était spécialement musicale et à l'exécution de laquelle tout le peuple fut convié : disposition qui fut reprise souvent dans la suite des fêtes de la Révolution, mais qui paraît avoir été adoptée en ce jour pour la première fois.

Ce fut Rouget de Lisle que le maire chargea d'écrire la poésie destinée à être chantée à cette cérémonie. Il se borna à compléter un *Hymne à la Liberté* dont il avait esquissé les strophes au début de la Révolution; son travail fut donc vite prêt. Pleyel en composa la musique. Pour mieux populariser l'œuvre, Dietrich avait fait traduire en vers allemands de même mesure la poésie de Rouget de Lisle; il la fit imprimer sous cette forme et distribuer dans le peuple à un grand nombre d'exemplaires avant la fête.

Le jour vint. Dans la matinée, une cérémonie religieuse eut lieu à la cathédrale. Après le *Te Deum*, une députation de dames vint offrir à Dietrich une couronne civique; il la déposa sur la Constitution en disant : « Je crois répondre à vos intentions en couronnant notre nouveau code d'alliance de ces feuilles de chêne offertes par vos mains. » L'office religieux terminé, la cérémonie populaire commença. Elle avait lieu en plein air, sur la place d'Armes (aujourd'hui place Kléber).

Un chœur et un immense orchestre, pour lequel tous les musiciens de la ville avaient été mis en réquisition, avaient pris place sur une estrade, avec Pleyel comme chef. Sur la place, aux fenêtres des maisons, et jusque sur les toits, la population se pressait, la plupart des assistants tenant le texte en main; enfin de place en place étaient alignées les musiques militaires de tous les régiments de la garnison.

La musique de Pleyel, insérée plus tard par Rouget de Lisle dans ses *Cinquante chants français* (avec cette observation : « Cet air est le seul du recueil qui ne soit pas de moi »), est certes bien loin d'avoir l'élan de *la Marseillaise* : elle n'en était que mieux désignée pour un jour de fête pacifique. Par son style tout classique et sa forme simple, elle était parfaitement convenable à une exécution populaire chez de calmes et flegmatiques Alsaciens. Elle se compose de deux phrases, dans un mouvement de marche modéré. La première a peu de relief : nous en retrouverions aisément les formules essentielles dans le premier final de *Don Juan* et diverses autres pages classiques. Mais, dans la seconde période, formant refrain, le chant se précise et s'élève : les voix disent, avec un accent de religiosité :

> Liberté sainte!
> Liberté sainte!
> Viens, sois l'âme de mes vers;
> Et que jusqu'à nos concerts
> Tout porte en nous ta noble empreinte.

La mélodie se développe sans hâte, simple et naïve, dans le caractère de certains cantiques allemands : on a là, un instant, comme un avant-goût de ces *lieder* que Weber rendit plus tard populaires, et la cadence finale termine le morceau sur une impression de vieille romance.

A l'exécution sur la Place d'Armes de Strasbourg, le chœur et l'orchestre attaquèrent d'abord seuls la première phrase et firent entendre le couplet tout entier; mais, à la reprise du refrain, les musiques militaires se mirent de la partie, et tout le peuple, se joignant au chœur, chanta avec lui, en un harmonieux unisson. Il en fut de même pour toutes les strophes suivantes. Ainsi lancé à tous les vents, ce chant ne pouvait manquer de devenir rapidement populaire : il se répandit bientôt jusque sur l'autre rive du Rhin. « Il fut accueilli avec transport par les habitants du Brisgau, nous dit Rouget de Lisle. Souvent, de la rive libre du fleuve, j'ai entendu le rivage opposé retentir de ce chant consacré à la liberté française. »

Et le soir, il y eut un grand banquet donné aux vieillards, aux enfants trouvés et aux orphelins : le Maire, Madame Dietrich, les dames de Strasbourg, les officiers municipaux, les notables de la ville, servaient eux-mêmes « les mets spartiates de cette table républicaine ». Qu'elles étaient belles, ces premières fêtes de la Révolution, dans leur symbolisme naïf et touchant! On avait la foi; on pensait avoir fait une conquête éternelle; on prononçait avec amour des mots vagues, où de grandes idées étaient contenues; les temps étaient venus, les noms de Liberté, de Fraternité n'étaient plus de vains mots...

II

Combien ces douces illusions devaient peu durer! Dans le temps même que le roi de France jurait « de maintenir la Constitution au dedans et de la défendre contre les attaques du dehors », l'empereur d'Autriche et le roi de Prusse, d'accord avec le comte d'Artois, concluaient la convention de Pilnitz, laquelle se résumait en une menace et un projet d'invasion de la France. Déjà, lors de la fuite de Louis XVI et de l'arrestation de Varennes, la nation avait pressenti l'approche du danger et s'était mise d'elle-même en état de défense armée. Les premiers bataillons de volontaires de la Révolution furent levés et les garnisons des frontières renforcées.

Le maréchal Luckner, mis à la tête de l'armée du Rhin, vint prendre son commandement à Strasbourg. C'était un vieux serviteur de l'ancien régime, d'origine étrangère, habitué aux anciennes tactiques et aux manœuvres surannées : pour ces raisons, il ne joua et ne pouvait jouer un rôle important dans les guerres de la Révolution.

Il avait auprès de lui, comme principal lieutenant, le général

Victor de Broglie, un de ces nobles à l'esprit libéral qui, à l'aurore de la Révolution, eurent aussi leur heure d'illusion et crurent à la possibilité d'une rénovation pacifique. Élu député par la noblesse de Colmar et de Schelestadt aux États généraux de 1789, il y avait embrassé le parti de la Révolution. Les travaux de la Constituante une fois terminés, il reprit du service militaire et partit comme maréchal de camp pour l'armée du Rhin, où il remplit bientôt les fonctions de chef d'état-major général. Il était un des habitués de la maison Dietrich.

Deux autres officiers généraux fréquentaient la même société : le duc Armand d'Aiguillon et Achille du Chastellet. Le premier, fils du célèbre duc d'Aiguillon, était un type accompli du seigneur philosophe des derniers temps de la royauté. C'est lui qui, après le serment du Jeu-de-Paume, prit l'initiative de la réunion de la noblesse avec le tiers-état, et qui, dans la nuit du 4 août, proposa l'abolition des privilèges et des droits féodaux. Il vint ensuite à l'armée du Rhin, et fut nommé maréchal de camp en 1792. Pour Achille du Chastellet (ou Duchâtelet), également maréchal de camp (était-il fils de la célèbre marquise philosophe du Chatelet, l'amie de Voltaire? C'est ce que les historiens les mieux informés n'élucident pas), il avait professé dès longtemps des sentiments libéraux et civiques qui lui avaient valu une popularité générale. Blessé au début de la guerre, il consola les soldats qui le relevaient en disant que « cela ne devait pas les empêcher de chanter le *Ça ira!* » Et comme, par une faveur spéciale, le roi lui avait fait envoyer une litière, il refusa fièrement, répondant « qu'il accepterait tout de Sa Majesté plutôt qu'un bienfait ». L'on voit que c'était un *pur!*

Dans les grades moins élevés, il nous faut citer encore Caffarelli du Falga, capitaine du génie de la même promotion que Rouget de Lisle, plus tard membre de l'Institut, mort dans la campagne d'Égypte, et un tout jeune lieutenant, — vingt-quatre ans, — aide de camp de Victor de Broglie, qu'on appelait de Veygoux, et qui, dans la suite, renonçant à son titre nobiliaire, couvrit d'une gloire pure le nom primitif de sa famille : Desaix.

Tous ces officiers ont joué un rôle, fût-ce celui de simples spectateurs, au moment décisif qui vit naître notre chant national. Leurs tendances politiques étaient généralement libérales; ils avaient accepté sans hésiter jusqu'alors les premières conséquences de la Révolution. Ils étaient très jeunes, les généraux comme les capitaines : le plus âgé, Caffarelli du Falga, avait trente-six ans, quatre de plus que Rouget de Lisle.

Ce dernier vécut avec eux, pendant la durée de son séjour en Alsace, sur le pied d'une véritable intimité, et subit profondément l'influence de leurs tendances et de leurs mœurs.

Mais, en face d'eux, Strasbourg comptait d'autres gens auprès desquels paraissaient pâles ces hommes dont l'esprit libre n'allait pas sans quelques ressouvenirs de leurs attaches avec l'ancien régime. L'accession à la vie publique de ce nouveau groupement politique, avait promptement troublé le bel accord des premiers jours. Dietrich, qui naguère inspirait à ses concitoyens la plus grande confiance, allait être attaqué désormais par lui avec une violence croissante.

L'histoire a signalé les jacobins de Strasbourg parmi ceux qui ont poussé au plus loin les excès de la Révolution. Ils avaient pour principaux meneurs deux prêtres défroqués, venus on ne sait d'où, — sûrement d'Allemagne, — Euloge Schneider et J.-B. Laveaux, et dont le rôle pendant la Terreur fut tel que le Comité du Salut public dut envoyer des représentants en mission en Alsace pour réfréner leur ardeur. C'est à Schneider que Saint-Just adressa l'apostrophe historique : « Tu déshonores l'échafaud! » Cet ancien moine avait, en effet, promené la guillotine à travers les villes et les campagnes du Bas et du Haut-Rhin, « poussant le délire, disait Robespierre, jusqu'à mettre en réquisition les femmes pour son usage ». Le tribunal révolutionnaire le condamna comme « émissaire de l'étranger ». Il dirigeait un journal, l'*Argos*, tandis que Laveaux rédigeait le *Courrier de Strasbourg*. Dietrich y était traîné dans la boue. On l'accusait d'être un traître, vendu à l'étranger. Pour se défendre, il créa la *Feuille de Strasbourg*, « journal politique et littéraire des bords du Rhin, par une société de Patriotes ». Mais les polémiques de cette feuille furent timides. Il ne devait se trouver, dans l'entourage de Dietrich, qu'un seul rédacteur de force à tenir tête à Laveaux, à répondre aux attaques avec courage, hardiesse, violence même, et à accuser à son tour. Ce rédacteur fut Rouget de Lisle.

Tel est, considéré sous tous les aspects, le monde au milieu duquel il vécut pendant cette époque décisive de sa vie. Certes, le milieu était sensiblement différent de ceux par lesquels il avait passé jusqu'alors. Lui-même était bien changé. Il n'était plus le jeune officier des forteresses des Alpes, aimable et galant, l'esprit moqueur, ne songeant qu'à tourner de petits vers dont la futilité n'est pas douteuse, et à jouer du violon. Certes, il n'abandonna rien de ses qualités naturelles. C'est une grave erreur, nous le savons aujourd'hui, de considérer la Révolution comme une époque durant laquelle disparurent les qualités aimables qui sont au fond de l'esprit français : pour en juger dans le cas particulier qui nous occupe, nous avons des témoignages bien significatifs. D'abord, la lettre de Madame Dietrich écrite après la première audition de *la Marseillaise*; lettre intime où elle rend compte à son frère de ses occupations des derniers jours : elle lui présente d'abord « le capitaine du génie Rouget de Lisle » comme « un poëte et compositeur fort aimable »; et, quant à l'idée même qui présida à la conception de l'œuvre, elle l'explique de la manière suivante : « Comme tu sais que nous recevons beaucoup de monde et qu'il faut toujours inventer quelque chose, soit pour changer de conversation, soit pour traiter des sujets plus distrayants les uns que les autres, mon mari a imaginé de faire composer un chant de circonstance. » Ainsi, ce chant national, cet hymne de la patrie ne fut d'abord destiné qu'à fournir un élément de variété à des réceptions mondaines, à la prière d'un maître de maison, riche bourgeois de Strasbourg désireux de renouveler l'intérêt de ses soirées !

Quelques semaines plus tard, une autre lettre vient nous renseigner sur le caractère général de ces réunions : celle-ci est de Rouget de Lisle lui-même, qui, parti de Strasbourg, écrivait à Dietrich : « Ne m'oubliez pas, de grâce, auprès de la petite société du soir où l'on parle si bien patriotisme, *et où l'on rit quelquefois de si bon courage* aux dépens... de ceux qui le méritent. » Le franc-comtois moqueur reparaît dans ces lignes, et l'on voit par elles que cette tension de l'esprit vers un but unique, qu'on imagine avoir été constante à l'époque de la Révolution, se relâchait assez souvent.

Seulement, à son heure, cette tension était extrême, et chez aucun elle ne fut plus violente que chez Rouget de Lisle. Dès ce moment, il se révèle à nous comme un caractère enthousiaste, passionné, animé d'une ardeur que rien autrefois ne faisait pressentir, saisi d'un besoin de dévouement qui restera jusqu'à la fin de sa vie la principale caractéristique de son esprit : facilement accessible, du reste, aux influences extérieures, et se laissant guider par le sentiment plus que par la raison. Ceux qu'il nommait ses amis pouvaient s'en reposer sur sa parole : elle était sûre et fidèle.

Mais comment cette ardeur, cette passion, cet enthousiasme, n'eussent-ils pas été ressentis et partagés par tous ceux qui l'entouraient, entretenus et avivés comme ils l'étaient par la marche implacable des événements? Car l'heure décisive avait sonné. C'était trop longtemps tarder, et les esprits s'usaient dans une indécision énervante. L'Assemblée Nationale n'attendit pas que les ennemis, dont tout le monde connaissait les préparatifs belliqueux, commençassent les hostilités : elle prit elle-même la terrible initiative.

Le 20 avril 1792, la France déclara la guerre à l'empereur d'Autriche et au roi de Prusse.

Et, le matin du 25 avril, la nouvelle en arriva à Strasbourg.

III

Moment solennel! Le plus grave, sans doute, de toute l'histoire des temps modernes! Cette guerre, que la France révolutionnaire déclare à l'Europe monarchique, ce n'est plus une guerre d'intérêts ou de dynasties, comme celles du XVIIe et du XVIIIe siècles, mais une guerre de races, de principes et d'indépendance, une guerre nationale s'il en fut jamais. Ce jour est le premier d'une lutte qui se poursuivra presque sans relâche, d'abord jusqu'en 1815, et dont les événements qui ont séparé Strasbourg de sa vraie patrie, ne sont en réalité qu'une reprise; et quand, écrivant pour la première fois ce récit en 1892 (centenaire des événements qu'il retrace), je demandais avec anxiété si l'ère de ces luttes était définitivement close, je ne prévoyais que trop l'implacable fatalité qui devait les prolonger encore et les renouveler après un nouveau quart de siècle !

A Strasbourg, presque en vue de l'armée ennemie, la proclamation de la guerre, dans la journée du 25 avril, fut célébrée comme une fête. Le peuple s'était répandu par la ville, attentif aux préparatifs, s'informant des nouvelles, tout le monde portant ostensiblement les emblèmes de la nation. Pour donner à la manifestation un caractère d'universalité et y associer malgré eux ceux qui n'eussent vraisemblablement pas eu la pensée de le faire d'eux-mêmes, des patriotes appliquèrent aux portes des couvents et jusque sur les oreilles des statues de saints des cocardes et des rubans tricolores.

La proclamation fut faite, dans les rues et sur les places, avec un apparat tout militaire. Une colonne composée de détachements de tous les régiments en garnison à Strasbourg défila, ayant à sa tête des canons escortés par la cavalerie de la garde nationale. A la suite chevauchait le maire, ceint de son écharpe et suivi des autres officiers municipaux. Les musiques des régiments précédaient les autorités ; un dernier détachement de cavalerie fermait la marche. On stationna sur les places principales. A chaque pause Dietrich et son secrétaire donnaient lecture de la déclaration de guerre, en français et en allemand. Les tambours battaient aux champs ; les musiques ne cessaient pas de jouer « l'émouvant *Ça ira*, encore *Ça ira* et toujours *Ça ira* ». Cet air de contredanse, — le *Carillon national*, comme il s'intitula dans l'origine,

— répété avec cette insistance obsédante dans une circonstance si solennelle, put sembler déplacé aux gens de goût : mais ce n'était là qu'un détail qui devait se perdre dans la multitude d'impressions provoquées par l'ensemble d'un tel spectacle.

Déjà l'on s'entretenait de ce que seraient les événements de demain. Il n'était question que du maréchal Luckner, qui inspirait une grande confiance. Il n'avait qu'à passer le Rhin, disait-on, il était sûr d'être accueilli partout comme un ami ! Les Allemands, à sa venue, devaient faire leur révolution, et l'on écrivait de tous côtés qu'ils l'attendaient pour lui donner, non des batailles, mais des fêtes !... Oh ! les folles illusions ! L'on citait de beaux traits, des mots héroïques, des actes de désintéressement, la plupart réels. Le matin même, un groupe de citoyens de Strasbourg avait fait offrir au maréchal quatre mille chevaux de trait. Dans la journée, un article de la *Feuille de Strasbourg*, signé de deux initiales qu'on n'avait pas encore vues dans ce journal, R. L., après avoir, en quelques mots d'une ironie cinglante, dénoncé les manœuvres hypocrites des jacobins, racontait en termes chaleureux que, les bataillons de volontaires s'étant trouvés sans solde et menaçant de se disperser, le général Victor de Broglie avait écrit aux commandants de ces bataillons pour offrir à chacun deux mille francs de ses propres deniers. Par le fond comme par la forme, il était facile de reconnaître dans cet écrit le dévouement éprouvé et enthousiaste de Rouget de Lisle à sa cause et à ses amis.

Des phrases sorties des clubs couraient sur toutes les bouches : telles celles-ci, prises à une proclamation que la « Société des amis de la Constitution » allait adresser incessamment au peuple de Strasbourg :

« Aux armes, citoyens ! L'étendard de la guerre est déployé ; le signal est donné. Aux armes ! Il faut combattre, vaincre ou mourir.

« Aux armes, citoyens ! si nous persistons à être libres, toutes les puissances de l'Europe verront échouer leurs sinistres complots. Qu'ils tremblent donc, ces despotes couronnés ! L'éclat de la liberté luira pour tous les hommes. Vous vous montrez dignes enfants de la liberté, courez à la victoire, dissipez les armées des despotes!...

« Marchons! soyons libres jusqu'au dernier soupir, et que nos vœux soient constamment pour la félicité de la patrie et le bonheur de tout le genre humain. »

Maison de la famille Dietrich à Strasbourg.

Pour terminer ce jour de fête patriotique, le maire offrait le soir un grand dîner aux personnalités les plus marquantes du monde civil et militaire, dans sa maison de la Place de Broglie, demeure familiale des Dietrich, située dans la partie de la ville où, depuis longtemps, la noblesse alsacienne avait établi sa résidence : les Wurmser, les Vendenheim, les Landsberg, les Wangen de Geroldseck avaient là leurs hôtels séculaires; de nos jours encore, bien que rien ne subsiste des anciennes constructions, le quartier est resté le plus brillant de Strasbourg. Rouget de Lisle habitait dans le voisinage, rue de la Mésange, petite rue étroite et courte, bordée par de vieilles maisons à pignons et à grandes cheminées carrées comme il en reste encore quelques types dans certains quartiers de la capitale alsacienne. L'hôtel des barons de Berstett, construction du XVIe siècle, s'élevait en face de chez lui.

Les noms de plusieurs convives de ce repas historique nous

ont été conservés. Il y avait, outre les maîtres de maison, les généraux Victor de Broglie, Achille du Chastellet et d'Aiguillon; les capitaines Rouget de Lisle et Caffarelli du Falga; deux lieutenants, Masclet, adjoint aux adjudants-généraux, et Desaix, le futur héros de Marengo; des habitants de la ville, Frédéric et Maurice Engelhardt; les fils de la maison, Albert et Frédéric Dietrich, l'aîné, chef du bataillon volontaire des *Enfants de la patrie* depuis 1791, le second engagé des derniers jours; enfin deux jeunes nièces, et, à ce qu'il semble aussi, leur mère, belle-sœur de Frédéric Dietrich.

C'était comme un dîner d'adieu, une veillée d'armes. Plusieurs se disposaient à partir pour rejoindre leurs postes de guerre. Dans quatre mois, quand nous les retrouverons après le 10 août, ils seront disséminés à Wissembourg, à Huningue, aux gorges de Porrentruy, à l'armée de Belgique : dès demain, du Chastellet va partir pour aller prendre le commandement de la place de Schelestadt.

De quoi l'on parla d'abord, qui ne le devinera? Des batailles prochaines, des victoires et des gloires à venir. Car on était plein de confiance et d'enthousiasme, plein d'impatience aussi. Pourquoi, disait-on, avoir retiré de l'armée du Rhin dix mille hommes avec lesquels il eût été facile de surprendre les Autrichiens du Brisgau? Ce pourrait être déjà fait, tandis que, dans quinze jours, l'on aura devant soi quinze mille ennemis de plus! Et l'on répétait les beaux traits révélés par les nouvelles de la journée : le maréchal Luckner recevant des propositions pour servir l'Autriche, propositions écrites de la main même de son fils, et la façon dédaigneuse dont il avait répondu, affectant de ne pas reconnaître l'écriture; ses protestations publiques de fidélité et d'amour pour la France, et ses embrassades avec le vieux général La Morlière. On félicitait Victor de Broglie de sa générosité dans l'affaire des bataillons sans solde, et Rouget de Lisle du récit qu'il en avait fait dans le journal, ainsi que de la verte manière dont il avait traité les Laveaux et les Schneider. Les mots : « Enfants de la patrie » revenaient souvent dans la causerie : c'était ainsi que se nommaient les bataillons des jeunes volontaires, notamment celui de Strasbourg que commandait le fils Dietrich ; il y avait d'autres « Enfants de la patrie » à Schelestadt et à Colmar. Et toujours revenaient les phrases dans le style du jour : « Aux armes, citoyens ! L'étendard de la guerre est déployé ; le signal est donné. Aux armes !... Qu'ils tremblent donc, ces despotes couronnés... Marchons ! soyons libres jusqu'au dernier soupir !... »

Le repas se poursuivait dans une animation croissante. Le champagne parut et les coupes circulèrent sur la table. Les dames, lasses de la politique, réclamaient une autre conversation ; on se mit à causer musique. Mais, l'idée de la guerre, s'imposant malgré tout, vint se mêler à la causerie musicale : on parla chansons patriotiques.

Toutes les chansons que le peuple chantait venaient de Paris et étaient vraiment trop médiocres. Qu'était-ce donc, par exemple, que ce *Ça ira*, qui avait retenti pendant tout le jour aux oreilles importunées de Dietrich ? Un air de bal public, guilleret et vulgaire, qui n'avait jamais eu d'autre mérite que d'être ramassé dans la rue juste à propos pour s'adapter aux paroles par lesquelles s'exprimait l'entrain du peuple de Paris tout à l'enthousiasme de ses préparatifs pour la première fête du 14 juillet. « *Ah ! Ça ira ! Ça ira ! Ça ira !* » Ce refrain sautillant était devenu une sorte d'air national, que la France entière répétait depuis plus d'un an et qui se jouait aux armées. Il ne valait certes pas tant d'honneur. Dietrich, élevé à la bonne école, s'indignait de ce succès immérité. Eh quoi ! disait-il, personne n'élèvera donc la voix pour faire entendre le véritable chant de la patrie ? Ici, à Strasbourg, n'y a-t-il donc pas un poète, pas un musicien, pour composer un hymne de guerre — le chant de guerre de l'armée du Rhin — dont le rythme vraiment martial cadencerait mieux qu'un air de contredanse les pas des bataillons prêts à partir ? Comment faire pour provoquer cette création nécessaire ? Le maire pensa d'abord ouvrir un concours. Oui, c'est cela, dit-il : demain, les papiers publics l'annonceront, et le corps municipal décernera le prix à la meilleure des œuvres présentées.

Soudain, une autre idée lui traversa l'esprit; et, se tournant vers le jeune capitaine, lui parlant sur un ton d'autorité bienveillante, il l'interpella : « Mais vous, Monsieur de Lisle, vous qui parlez le langage des dieux, vous qui maniez la harpe d'Orphée, faites-nous cela. Trouvez un beau chant pour ce peuple-soldat qui surgit de toutes parts à l'appel de la patrie en danger, et vous aurez bien mérité de la Nation! » Rouget de Lisle se dérobait, faisait le modeste; mais tout le monde approuva hautement l'idée de Dietrich; les généraux se joignirent à lui; les jeunes filles, qui avaient souvent fait de la musique avec le jeune officier, insistèrent. Toute la table était dans un état d'émotion extraordinaire; le champagne passait et repassait, et les verres se remplissaient sans cesse. Du Chastellet, qui partait le lendemain pour Schelestadt, aurait déjà voulu le connaître, ce chant à venir : « Promettez-moi de me l'envoyer, dit-il à Rouget. — Je le promets pour lui », répondit Dietrich. Bientôt, on se sépara.

Maison de la rue de la Mésange, à Strasbourg, où Rouget de Lisle a composé la Marseillaise.

Ils sortirent. Sur la place longue et étroite, des groupes populaires stationnaient encore, s'exaltant, eux aussi, à s'entretenir des événements de la journée et de ceux du lendemain. Des soldats rentraient à leurs casernes; les postes étaient doublés; les sentinelles veillaient. Le temps, qui avait été couvert presque tout le jour, s'était dégagé; maintenant les étoiles brillaient dans un ciel clair traversé seulement de loin en loin par de mouvants nuages blancs. Au bout de la rue du Dôme se profilait, en une masse noire, la nef superbe de la cathédrale; du côté opposé, un fin croissant de lune, touchant presque à l'horizon, se dessinait nettement au bout de la rue de la Nuée-Bleue, éclairant d'une lueur pâle et oblique les toits et les murailles des vieilles maisons alsaciennes.

La fraîcheur de la nuit remit un peu d'équilibre dans les idées de Rouget de Lisle. Il se sentait dans un état d'excitation inconnu. Après une telle journée, un tel spectacle des enthousiasmes du peuple, de telles émotions patriotiques, cette proposition de Dietrich l'avait troublé au dernier point. Le champagne, dont il avait bu beaucoup (il l'a avoué plus tard), n'était pas sans avoir contribué un peu à ce trouble.

Il n'avait que quelques pas à faire pour aller de chez Dietrich à sa maison de la rue de la Mésange. Il rentra et monta dans sa chambre, la tête bouillante. Son violon était sur la table. Il le saisit et en tira quelques arpèges. Les formules de l'enthousiasme ambiant revenaient impérieusement à son esprit : « Aux armes, citoyens! l'étendard de la guerre est déployé; le signal est donné. Aux armes! » Les doigts couraient sur les cordes, et des chants mystérieux vibraient sous l'archet. « Marchons! soyons libres jusqu'au dernier soupir!... » Peu à peu, la formule mélodique se fixait, et des vers, où se retrouvaient les paroles entendues dans les discours de la journée, venaient se poser sur la musique, comme d'eux-mêmes. Il prit note successivement des fragments essentiels de la première strophe, « n'écrivant les paroles, a-t-il dit par la suite, que pour garder l'ordre qu'elles devaient occuper dans la mélodie »; puis, du même jaillissement, il écrivit les cinq couplets suivants. Après quoi, brisé de fatigue et d'émotion, il se jeta sur son lit et s'endormit lourdement.

Il fait jour depuis longtemps à six heures, en avril. Quand Rouget de Lisle s'éveilla, l'air frais du printemps et les joyeuses clartés du matin vinrent dissiper les derniers brouillards de son cerveau. Se levant de son lit, il aperçut sur le pupitre les notes prises en cette veillée dont le souvenir lui apparaissait déjà comme un rêve; il saisit les feuillets et se relut fiévreusement, étonné. Il ne pouvait tenir en place; il sortit, et se rendit d'abord chez son camarade Masclet, officier attaché à l'état-major de Victor de Broglie, un des convives de la veille. « La proposition de Dietrich m'a empêché de dormir cette nuit, lui dit-il. Je l'ai employée à essayer d'ébaucher son chant de guerre, même de le mettre en musique; lis et dis-moi ce que tu en penses, je te le chanterai ensuite. » Masclet lut et écouta, non moins étonné et indécis; il soumit à son ami quelques observations, lui fit modifier deux vers, les derniers du couplet « Amour sacré de la patrie ». Malgré l'heure matinale, il ne voulut pas attendre plus longtemps et se rendit chez Dietrich. Celui-ci venait de se lever et était dans son jardin. Surpris d'une aussi prompte conception, il jeta les yeux sur le papier, disant : « Entrons au salon que j'essaie l'air sur le clavecin. A première vue, je juge qu'il doit être bien bon ou bien mauvais. » La beauté de la mélodie le frappa du premier coup. Il appela sa femme et lui dit d'écrire immédiatement aux convives de la veille pour les inviter à dîner de nouveau le jour même, annonçant qu'il avait quelque chose d'important à leur communiquer. Certes, c'était quelque chose d'important; mais ils se méprirent d'abord, et crurent que Dietrich avait reçu des dépêches des armées et qu'il allait leur donner des nouvelles. Aussi, pour piquer leur curiosité, le maire refusa d'abord de leur rien dire. On se mit à table, on causa des mêmes sujets que la veille, et la chronique rapporte qu'au dessert le champagne parut de nouveau.

Alors, Dietrich se leva, et, de sa vibrante voix de ténor, accompagné au clavecin par sa nièce, il entonna :

Allons, enfants de la patrie!...

Les historiens qui nous ont fourni avec abondance les détails de la conception et de la composition de l'hymne de guerre, restent muets sur l'impression produite par cette première audition dans le salon de Dietrich. Ils nous la laissent deviner. Nous la devinons. — Seule la maîtresse de maison écrivit, à quelques jours de là, cette simple phrase :

« Le morceau a été joué chez nous à la grande satisfaction de l'assistance. »

L'on verra, dans six mois, si tout le monde éprouvera, à l'entendre, la même satisfaction de dilettantisme !

IV

L'audition chez Dietrich eut, dans la ville, un retentissement immédiat. D'autres suivirent, pour chacune desquelles on revendiqua plus tard l'honneur d'avoir été la première. Les uns prétendirent que le *Chant de l'armée du Rhin* avait été composé pour un repas de corps donné par les officiers de la garnison à ceux des bataillons volontaires nouvellement arrivés à Strasbourg, et chanté pour la première fois à ce banquet, dans la salle dite du *Miroir*. D'autres voulurent qu'après une simple lecture par Dietrich dans la chambre même de Rouget de Lisle, elle eût été pour la première fois entendue, au cours d'une représentation solennelle donnée en l'honneur du départ des troupes. Plusieurs réunions d'officiers et de soldats connurent l'hymne dans sa nouveauté première, et l'on ne saurait dire, entre toutes, où il fut exécuté d'abord. L'on rapporte, notamment, que Rouget de Lisle le fit entendre dans les premiers jours au café *de la Lanterne,* sous les Petites Arcades, lieu de réunion habituel des officiers, et d'autres traditions ont cours maintenant encore à Strasbourg. La priorité de l'audition chez le maire n'est pas douteuse; mais cela ne saurait empêcher que, dans les jours qui suivirent, Rouget de Lisle ait fait connaître son hymne à qui ait voulu l'écouter.

La véritable première exécution publique du chant de guerre, dans un cadre digne de lui, eut lieu le dimanche qui suivit la composition, 29 avril, sur la place d'Armes de Strasbourg, à la parade. Cette réunion militaire n'était pas un exercice ordinaire : c'était une revue de départ. Les huit bataillons de la garde nationale s'alignèrent sur la place, et la population de la ville se porta en foule autour d'eux. Le commandant d'armes fit reconnaître aux soldats leurs officiers supérieurs, récemment nommés à l'élection, et l'on s'apprêtait à commencer le défilé lorsqu'arriva sur la place un nouveau bataillon qui venait de loin, les volontaires de Rhône-et-Loire. A leur tête était porté, en guise de drapeau, un aigle d'or aux ailes déployées. Les hommes avaient pour uniforme l'habit bleu de roi, veste, culotte et guêtres blanches, jarretières à broches de cuivre, chapeau retroussé et bordé en poil de chèvre, cocarde tricolore et cheveux en queue avec rosette et agrafe écarlate. Cette belle troupe, commandée par le Lyonnais Charles Seriziat, futur général de l'Empire, alla prendre la droite de la ligne et fit l'admiration des assistants par la précision de sa manœuvre autant que par sa superbe tenue. Enfin, les tambours battirent, la colonne se mit en marche, et le corps de musique de la garde nationale de Strasbourg, sous la direction de son chef Jean-Zacharie Reisse, attaqua une marche : c'était le chant de l'hymne nouveau. L'on dit qu'en s'avançant aux accents inconnus de cette musique, les soldats se sentirent pris d'une ardeur subite. « Qu'est-ce donc que ce diable d'air ? disaient-ils. Il a des moustaches! »

Rouget de Lisle commença dès lors une propagande active. Il fit faire de son *Chant de guerre* des copies qu'il envoya à divers destinataires : au maréchal Luckner, à qui il le dédia; à Grétry, qui en fit circuler plusieurs exemplaires dans Paris, et, sans aucun doute, à bien d'autres que nous ignorons. Il l'avait promis à Achille du Chastellet : celui-ci, se trouvant à Schelestadt, sans nouvelles depuis trois jours et impatient de savoir quelque chose, écrivait le 29 avril à Dietrich : « Ayez la charité de me mander un peu ce qui se passe dans le monde; mes lettres et mes gazettes ne me viennent pas de Strasbourg, en sorte que je suis dans un abandon total. Je n'ai point reçu le chant de guerre de M. de Lisle, que vous m'aviez promis. » Il ne tarda pas sans doute à recevoir la réponse qui le satisfit.

De son côté, madame Dietrich passait tout son temps à faire

des transcriptions de la musique. Au commencement de mai, elle en envoyait une copie à son frère Ochs, chancelier à Bâle, en l'accompagnant de la lettre suivante :

> Cher frère..., je te dirai que, depuis quelques jours, je ne fais que copier et transcrire de la musique, occupation qui m'amuse et me distrait beaucoup surtout dans ce moment où partout on ne cause et ne discute que politique de tout genre. Comme tu sais que nous recevons beaucoup de monde et qu'il faut toujours inventer quelque chose, soit pour changer de conversation, soit pour traiter de sujets plus distrayants les uns que les autres, mon mari a imaginé de faire composer un chant de circonstance. Le capitaine du génie Rouget de Lisle, un poète et compositeur fort aimable, a rapidement fait la musique du chant de guerre. Mon mari, qui est un bon ténor, a chanté le morceau qui est fort entraînant et d'une certaine originalité. C'est du Gluck en mieux, plus vif et plus alerte. Moi de mon côté, j'ai mis mon talent d'orchestration en jeu, j'ai arrangé les partitions sur clavecin et autres instruments. J'ai donc beaucoup à travailler. Le morceau a été joué chez nous à la grande satisfaction de l'assistance. Je t'envoie copie de la musique. Les petites virtuoses qui t'entourent, n'auront qu'à la déchiffrer et tu seras charmé d'entendre le morceau.
>
> Ta sœur, Louise Dietrich, née Ochs.
>
> Mai, Strasbourg, 1792.

Cette lettre charmante est d'un intérêt primordial pour l'histoire de *la Marseillaise*. Elle donne avec une parfaite netteté l'impression de ce milieu familier, où de grandes choses se produisirent inopinément et simplement. Elle montre, en outre, la part qui revient aux Dietrich : l'initiative prise par le mari, la collaboration de la femme qui, la première, soutint d'un accompagnement le chant simple et nu de l'aède ignorant des règles de l'art.

Celui-ci sentit naître en lui, à ce moment, un redoublement d'activité. Sauf les vers de l'*Hymne à la Liberté*, il n'avait rien produit qui puisse être rapporté à la première partie de son séjour à Strasbourg : maintenant, le voilà entraîné, il se remet à écrire de plus belle. Ses recueils donnent deux pièces datées d'une époque très voisine de celle de la composition du *Chant de guerre de l'armée du Rhin*. D'abord de petits vers, dans la forme épigrammatique, où il fait, en des termes d'où l'héroïsme et le lyrisme sont, cette fois, complètement absents, le portrait de sa propre personne.

Les *Essais* datent cette pièce de « Strasbourg, 1er mai 1792 »; ce voisinage nous oblige à la donner :

MOI

Parler sans art,
Penser sans fard,
C'est ma devise!
Aller, venir,
Rester, courir,
Veiller, dormir
Tout à ma guise,
C'est mon plaisir.
Femme discrète
Et joliette,
Mais pas coquette,
C'est mon désir.
Pour la patrie
Donner ma vie,
C'est mon espoir.
Mauvaise tête,
Le cœur honnête,
C'est mon avoir.
Amour extrême
Aux bonne gens,
Guerre aux méchants,
C'est mon système.

Que Rouget de Lisle ait pu écrire dans ce style six jours après avoir conçu l'Œuvre, l'Ode, le Chant sacré, cela dénote au moins une certaine souplesse d'esprit!

L'autre composition est d'un sentiment plus proche de celui du *Chant de guerre*, et compte parmi les meilleures productions lyriques de l'auteur : c'est la chanson de *Roland à Roncevaux*. Rouget de Lisle a voulu, au moment où il venait de créer sans s'en douter le véritable chant national, retrouver un écho de l'antique chanson épique française. « J'ai cherché, a-t-il dit, à renouveler cette fameuse romance de Roland qui était le chant de guerre de nos ancêtres. » Après s'être excusé, un peu naïvement, d'avoir emprunté à Sedaine quelques traits d'une chanson qu'il avait faite sur le même sujet, il ajoute : « La chanson de Roland a plus de rapports avec les circonstances actuelles qu'on ne le croirait au premier coup d'œil. Comme ceux d'aujourd'hui, les Français d'alors combattaient pour leurs lois et leur liberté contre les Maures, qui, après avoir subjugué l'Espagne, menaçaient d'envahir le reste de l'Europe ». Dans son recueil de *Cinquante chants français*, *Roland à Roncevaux* occupe la première page, et, sur le titre, nous lisons pour date : *Strasbourg, Mai* 1792.

CHANT DE GUERRE

POUR L'ARMÉE DU RHIN,

DÉDIÉ

AU MARÈCHAL LUKNER.

A STRASBOURG,

De l'Imprimerie de PH. J. DANNBACH, Imprimeur de la Municipalité.

Fac-similé de la première édition de *la Marseillaise.*

Qui veut cette horde d'esclaves,
De traitres, de Rois conjurés?
Pour qui ces ignobles entraves,
Ces fers dès long-tems préparés?
Français! Pour nous, ah! quel outrage!
Quels transports il doit exciter?
C'est nous qu'on ose méditer
De rendre à l'antique esclavage!....
Aux armes, citoyens! formez vos bataillons:
Marchez..... qu'un sang impur abreuve nos sillons.

Quoi des cohortes étrangères
Feraient la loi dans nos foyers!
Quoi ces phalanges mercenaires
Terrasseraient nos fiers guerriers!
Grand Dieu!.... Par des mains enchaînées,
Nos fronts sous le joug se ploiraient!
De vils despotes deviendraient
Les maîtres de nos destinées!.....
Aux armes, Citoyens! formez vos bataillons:
Marchez..... qu'un sang impur abreuve nos sillons.

Les vers du refrain de cette chanson, dont Rouget de Lisle a composé à la fois les paroles et la musique, comme pour *la Marseillaise*, sont restés populaires :

Mourons pour la patrie,
C'est le sort le plus beau, le plus digne d'envie!

Ils servirent de chant national à une autre révolution, celle de 1848; mais la musique sur laquelle ils se chantèrent dans ce temps-là ne fut pas celle de Rouget de Lisle, et ce fut un tort : si l'ensemble de la mélodie de *Roland à Roncevaux*, d'ailleurs d'une fière allure, n'a pas la cohésion admirable du chant de *la Marseillaise*, la phrase sur laquelle sont chantés ces deux vers est belle, expressive, d'une forme très pure et toute classique. Elle ferait la meilleure figure du monde comme thème d'un concerto de Mozart ou d'une sonate de la jeunesse de Beethoven.

Cependant, la popularité du *Chant de guerre pour l'armée du Rhin* grandissait de jour en jour. Il fut imprimé pour la première fois dans le mois qui suivit la composition, et parut chez l'éditeur Dannbach (le même qui imprimait la *Feuille de Strasbourg*) en une petite feuille de format oblong, avec le chant noté sans accompagnement, sous la forme exacte dans laquelle il sortit du cerveau de Rouget de Lisle, par conséquent différent en quelques endroits du chant que la tradition populaire a consacré.. La partie chantée y est suivie d'une singulière petite ritournelle de violon en style rococo, qui est comme la signature de l'amateur à la fin du morceau.

Retenons donc cette date, le mois de mai 1792, comme celle à partir de laquelle le chant de Rouget de Lisle fut définitivement livré au public et commença à se propager, à se répandre au dehors, parmi le peuple, dans la nation tout entière.

Désormais, le *Chant de guerre de l'armée du Rhin* n'appartient plus à son auteur. Le voilà parti à la conquête du monde!

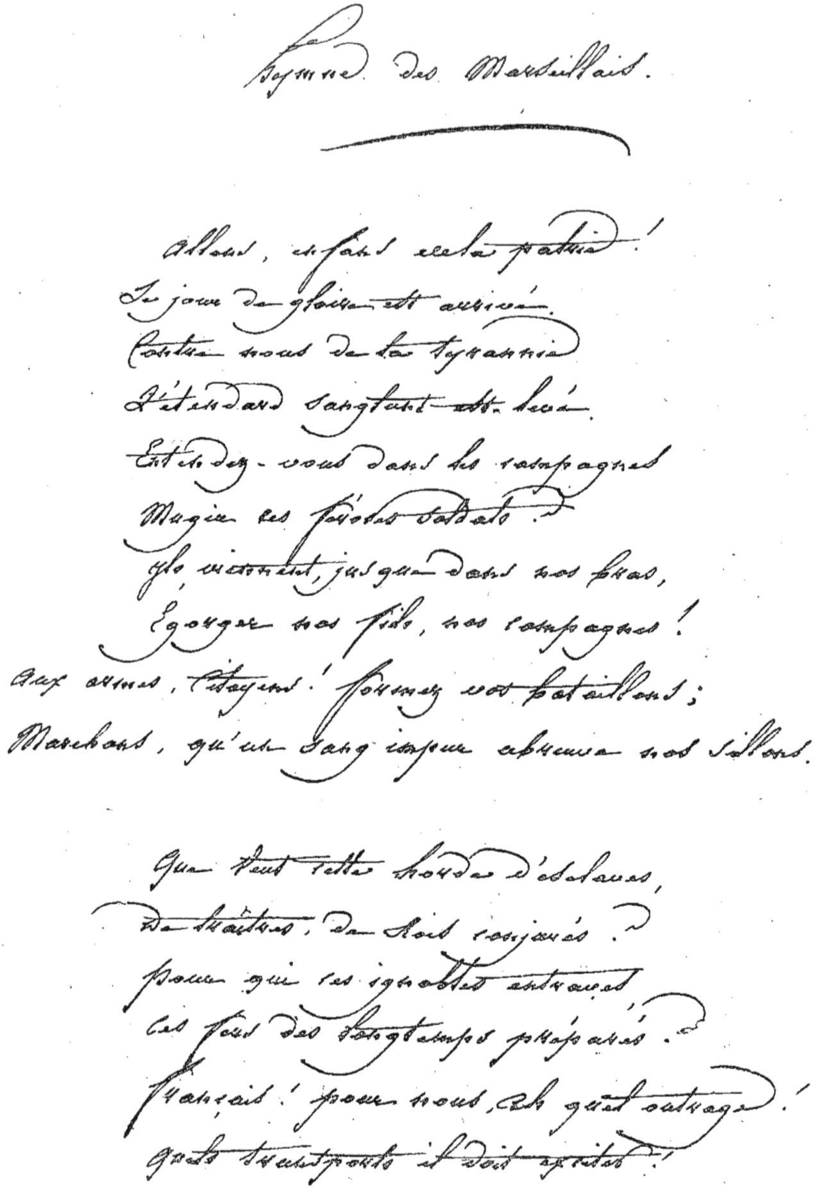

Hymne des Marseillais.

Allons, enfans de la patrie!
Le jour de gloire est arrivé.
Contre nous de la tyrannie
L'étendard sanglant est levé.
Entendez-vous dans les campagnes
Mugir ces féroces soldats?
Ils viennent jusque dans nos bras,
Égorger nos fils, nos compagnes!
Aux armes, citoyens! formez vos bataillons;
Marchons, qu'un sang impur abreuve nos sillons.

Que veut cette horde d'esclaves,
De traîtres, de rois conjurés?
Pour qui ces ignobles entraves,
Ces fers dès longtemps préparés?
Français! pour nous, ah! quel outrage!
Quels transports il doit exciter!

Autographe de *la Marseillaise*.

C'est nous qu'on ose méditer
De rendre à l'antique esclavage!
Aux armes, citoyens!... &c.

Quoi! des cohortes étrangères
Feraient la loi dans nos foyers!
Quoi! ces phalanges mercenaires
Terrasseraient nos fiers guerriers!
Grand Dieu! par des mains enchaînées
Nos fronts sous le joug se ploieraient!
De vils despotes deviendraient
Les moteurs de nos destinées!
Aux armes, &c.

Tremblez, tyrans! et vous, perfides,
L'opprobre de tous les partis,
Tremblez! vos projets parricides
Vont enfin recevoir leur prix.
Tout est soldat pour vous combattre,
S'ils tombent nos jeunes héros,

La terre en produit de nouveaux
Contre vous tout prêts à se battre.
Aux armes, citoyens ! &c.

Français ! en guerriers magnanimes
Portez ou retenez vos coups :
Épargnez ces tristes victimes
À regret s'armant contre nous.
Mais le despote sanguinaire,
Mais les complices de Bouillé,
Tous ces tigres qui sans pitié
Déchirent le sein de leur mère !...
Aux armes, citoyens ! &c.

Amour sacré de la patrie,
Conduis, soutiens nos bras vengeurs :
Liberté, liberté chérie !
Combats avec tes défenseurs.
Sous nos drapeaux que la victoire
Accoure à tes mâles accens ;
Que tes ennemis expirans
Voient ton triomphe et notre gloire....
Aux armes, &c.

Rouget de Lisle

CHAPITRE III

PROPAGATION DU CHANT NATIONAL

I

Quittons maintenant l'auteur, et attachons-nous à la fortune de l'œuvre.

Voici ce que nous savons. Le *Chant de l'armée du Rhin,* en se propageant, arriva dans le Midi. Comment? Il n'est guère possible de le déterminer avec certitude. L'auteur a dit que sa chanson y fut portée par la voie d'un journal constitutionnel (il voulait dire : par la première édition publiée par l'imprimeur du journal de Dietrich). Dans un autre récit, il ajoute : par des voyageurs de commerce; et Castil-Blaze confirme cette assertion, qui n'a rien en soi que de plausible. La tradition orale ne fut probablement pas étrangère à sa propagation : s'il est difficile d'admettre que la chanson ait été portée au loin par cette seule voie, du moins il résulte d'observations faites à Marseille que les premières auditions données dans cette ville le furent de mémoire et sans que le chanteur eût devant les yeux la musique ni les vers.

Ici, nous voilà transportés dans un milieu bien différent de celui où, pendant une année, nous avons vu vivre Rouget de Lisle. Ce n'est plus la rêveuse et calme Alsace : c'est la Provence avec son radieux soleil, sa mer d'un bleu profond et cru. Ce ne sont plus les honnêtes bourgeois de Strasbourg, dévoués, certes autant qu'on peut l'être, mais un peu timorés et d'une modération qui s'accorde mal avec la marche effrayante des événements : c'est le peuple de Marseille, avec sa tumultueuse exubérance. Le Midi bouge!... Certes, il a bougé, cette fois, et si bien qu'il nous faut convenir que rien ne peut rester tranquille dans le pays, lorsque le Midi bouge!

On était à l'époque où l'Assemblée nationale venait de décider la formation d'un camp de vingt mille fédérés sous Paris. Le roi, hostile, avait renvoyé le ministère girondin qui avait soutenu le projet. A Paris, la journée du 20 juin s'en était suivie. A Marseille, l'agitation n'était pas moins grande; elle fut à son comble lorsque le jeune député Barbaroux, après entente avec les ministres renversés, Roland et Servan notamment, eut écrit au club Marseillais des *Amis de la constitution* pour demander la levée et l'envoi à Paris d'un bataillon volontaire : « *Six cents hommes qui sachent mourir.* » Pas un moment ne fut perdu pour arriver à la réalisation de ce vœu révolutionnaire. L'effervescence fut pareille à Montpellier : l'on y voulut de même organiser un bataillon. Et comme la traversée de la France par ces deux petites troupes isolées n'était pas sans péril, le club de Montpellier envoya à celui de Marseille deux délégués pour s'entendre sur la possibilité de faire la route ensemble. Une séance du club eut lieu le 21 juin, où les Montpelliérains reçurent un accueil enthousiaste : l'on décida de les retenir jusqu'au lendemain et de leur offrir un banquet.

Ce repas, de quatre-vingts couverts, fut donné chez le traiteur David, rue du *Tubaneau* (en français : de l'Estaminet), dans le voisinage de la Cannebière. Un de ceux en l'honneur de qui se donnait la fête, Étienne-François Mireur, était un jeune médecin de la Faculté de Montpellier, qui, renonçant à exercer son art, s'était engagé parmi les volontaires de l'Hérault : plus tard, ayant continué à suivre la carrière militaire, il devint général et mourut prématurément. Déjà, la veille, ce Mireur s'était couvert de gloire en prononçant un discours enflammé, un de ces discours comme on n'en entend qu'à Marseille! Au repas, il voulut faire mieux encore : il chanta, de sa voix de méridional, forte et sonore, une chanson patriotique encore inconnue de l'assemblée.

C'était le *Chant de guerre de l'armée du Rhin.*

L'on juge de l'émotion! Car, bien certainement jamais encore les échos de la Cannebière n'avaient retenti de pareils accents! Mireur chantait les strophes de flamme avec une énergie qui en redoublait l'intensité : à chaque couplet, l'assemblée, folle d'enthousiasme, répondait par des applaudissements, des cris, des acclamations frénétiques. Deux rédacteurs du *Journal des départements méridionaux,* Alexandre Ricard et Micoulin, demandèrent au chanteur communication du texte; ils le publièrent le lendemain, et, modifiant le titre primitif, l'appelèrent *Chant de guerre aux armées des frontières.* Deux jours après cette réunion, les registres d'engagement étaient ouverts : les volontaires affluèrent, le bataillon fut constitué en une semaine, et tous, dit un historien local, reçurent un exemplaire de l'hymne qui devint dès lors le chant de ralliement des Marseillais, leur dut sa popularité universelle, et finit par leur emprunter jusqu'à son nom.

Ils se mirent en marche au commencement de juillet. Longue est la route de Marseille à Paris : ils en égayèrent les étapes en chantant, faisant tout d'abord de l'hymne de guerre une chanson de marche. En traversant les villages, en entrant dans les villes, le bataillon l'entonnait avec un parfait ensemble; et lorsqu'ils arrivaient au refrain, tous, par un geste d'un mouvement irrésistible, élevaient leurs chapeaux, agitaient leurs sabres, criant de toute la force de leurs voix : *Aux armes, citoyens!* avec une véhémence, un accent d'exaltation qui faisait passer un frisson sur les bonnes gens de la Bourgogne, du Lyonnais ou du Dauphiné, stupéfaits par l'imprévu du spectacle autant que par le caractère et la beauté de la chanson.

Il fallait cela pour compléter l'œuvre : Tartarin interprète de Tyrtée! Composé par un solide et rude franc-comtois, sur cette terre d'Alsace aux pensers sérieux et profonds, au premier jour de la plus grande guerre des temps modernes, presque en vue de l'ennemi, au milieu des gens aux mains desquels était confié le salut de la patrie, enfin après d'abondantes rasades de champagne, le vin français qui pétille et qui réveille, le chant national n'était pas encore achevé. Il lui manquait un dernier élément :

le soleil du Midi. Lorsque cet agent nouveau fut entré dans l'alliage, l'œuvre fut parfaite.

A Paris, où les Marseillais arrivèrent juste à temps pour prendre part aux événements les plus décisifs de la Révolution, leur chant de combat ne tarda pas à être connu de toute la ville. Ils le chantèrent à leur entrée, le 30 juillet, ainsi qu'ils avaient fait dans les autres villes le long du chemin. Le 4 août, à un banquet qui leur fut offert par la section du théâtre Français (qui, en leur honneur, changea son nom en celui de section de Marseille), ils le firent entendre pour la première fois dans une réunion populaire.

Dans les rues, sur les places, partout ils répétaient leur refrain. « Souvent, ils le chantent au Palais-Royal, dit la *Chronique de Paris,* quelquefois dans les spectacles, entre les deux pièces. » Quelle vie étonnante que cette vie de la Révolution, où l'on pouvait voir une troupe armée, venue du plus loin des provinces dans le but bien défini de renverser la royauté, monter sur les planches entre deux vaudevilles, chanter une chanson patriotique, puis s'en aller ensuite prendre les Tuileries et conduire le roi de France en prison!

Au 10 août, nous dit l'histoire, les Marseillais allèrent au combat en chantant leur marche nationale. On la répéta surtout après la victoire. Michelet a raconté une anecdote qui mérite de retrouver place ici. C'était après la prise du château : la foule avait envahi les appartements. « Un de ses assaillants, rapporte-t-il, M. Singier (depuis connu et estimé comme directeur de théâtre), a conté qu'entrant dans la chambre de la reine, il vit la foule qui brisait les meubles et les jetait par la fenêtre; un magnifique clavecin, orné de peintures précieuses, allait avoir le même sort. Singier ne perd pas de temps; il se met à en jouer, en chantant *la Marseillaise.* Voilà tous ces hommes furieux, sanglants, qui oublient leur fureur au moment même; ils font chorus, se rangent autour de clavecin, se mettent à danser en rond, et répètent l'hymne national. »

Plusieurs journaux publièrent le texte dès le mois d'août, avec des observations souvent précieuses pour l'histoire. Certains même n'avaient pas attendu l'arrivée des Marseillais : dès le 23 juillet, on avait pu lire dans *la Trompette du père Duchesne* un compte rendu de la fête du 14 juillet au camp d'Huningue (où Rouget de Lisle était venu après son départ de Strasbourg), dans lequel le correspondant, après avoir parlé du *Te Deum* chanté le matin, — le *Louons Dieu* étant de toutes les religions, disait-il, — des acclamations, des toasts, des salves de coups de canon et du banquet final, ajoutait : « La musique de chaque régiment jouait pendant le dîner le chant de guerre que je t'envoie. » Et le journal reproduit le texte, les six strophes conformes à l'édition de Strasbourg, son titre même : *Chant de guerre pour l'armée du Rhin, dédié au maréchal Luckner*. L'hymne faisait donc son chemin de tous les côtés à la fois.

La *Chronique de Paris,* dont le rédacteur parlementaire était Condorcet, donne les six strophes dans son numéro du 29 août.

Le même jour, les *Petites Affiches* publiaient la poésie sous le titre de *Chant patriotique dédié à l'armée de Biron et chanté par les volontaires du département de l'Aude.*

La *Chronique* nous apprend que l'on demandait la chanson dans tous les spectacles. « Les paroles sont de M. Rougez, capitaine du génie en garnison à Huningue. L'air a été composé par Allemand pour l'armée de Biron. Il a un caractère à la fois touchant et guerrier. » Cette erreur d'attribution n'est pas la première dont ait eu à souffrir Rouget de Lisle : nous verrons plus tard ce qu'il en faut penser.

L'instinct populaire avait compris dès le premier moment qu'il n'était pas là en présence d'une chanson ordinaire, mais du vrai chant national. « Il faut voir le peuple, il faut l'entendre répéter en chœur le refrain du chant de guerre des Marseillais, que des chanteurs placés devant la statue de la Liberté dans le jardin des Tuileries lui apprennent chaque jour avec un succès nouveau :

Aux armes, citoyens, formez vos bataillons!
Marchez, qu'un sang impur abreuve vos sillons. »

Ainsi parle encore un journal, *les Révolutions de Paris*, montrant, par sa description sommaire, mais vivante et pittoresque, le rôle joué par le chant de Rouget de Lisle dans la vie familière du peuple de Paris.

Il en était de même dans les provinces, et jusque dans certaines régions, françaises de cœur, mais non encore incorporées au territoire français. En septembre, tandis qu'à l'est les armées prussiennes et autrichiennes s'avançaient jusqu'à Valmy, une armée française entrait en Savoie, et, sans coup férir, les soldats piémontais ayant fui, arriva jusqu'à Chambéry. Une députation de cette ville vint au devant de nos soldats; plusieurs milliers de paysans et de montagnards lui faisaient cortège et chantaient *la Marseillaise* : l'on raconte qu'au couplet : « Liberté, liberté chérie! » ils tombèrent à genoux, et, fondant en larmes, répétèrent le refrain sacré.

Les Français répondirent par ce couplet, retrouvé dans les cahiers d'un vieux maître de musique :

Savoisiens, peuple paisible,
Va, ne crains rien de nos guerriers.
Le Français est fier, mais sensible,
Il joint l'olive à ses lauriers.
Guerre aux châteaux, paix aux chaumières,
Voilà désormais nos traités;
Loin de conquérir des cités,
Nous cherchons des amis, des frères.

Cette conquête de la Savoie fut, pour *la Marseillaise*, l'occasion de nouveaux triomphes. La Convention, au reçu de la nouvelle, avait décrété la célébration d'une fête civique : sur la proposition du ministre de la guerre Servan, il fut décidé qu'au lieu du *Te Deum* on y chanterait l'*Hymne des Marseillais*. La séance où cette consécration fut donnée au chant de Rouget de Lisle (28 septembre 1792) est la première où il fut fait mention dans l'Assemblée du futur chant national, et l'exécution qui suivit en fut la première audition officielle.

La fête eut lieu le 14 octobre. L'ordonnance en fut des plus simples. Après le défilé du cortège, qui se rendit processionnellement de l'Hôtel de Ville à la place de la Révolution, les délégations de la Convention, de la province nouvellement réunie et des diverses autorités, prirent place au pied de la statue de la Liberté, ornée pour la circonstance de drapeaux et d'inscriptions; puis on exécuta l'hymne, et ce fut là, en réalité, tout le programme. « Le chant des guerriers marseillais, devenu l'hymne de la République, a été chanté avec enthousiasme, et les spectateurs attendris, remplis de cette satisfaction douce si différente de l'agitation bruyante de la fausse joie, se sont retirés paisiblement... »

Mais un autre intérêt s'attache encore à cette exécution de *la Marseillaise* à la fête du 14 octobre 1792. Ce fut ce jour-là qu'on chanta pour la première fois un couplet qui n'est pas de Rouget de Lisle, mais qui, cependant, est demeuré, jouit d'une popularité égale à celle des plus belles strophes, et a fait oublier, ou tout au moins négliger, la plupart des autres. C'est le couplet des Enfants :

Nous entrerons dans la carrière
Quand nos aînés n'y seront plus,
Nous y trouverons leur poussière
Et la trace de leurs vertus.
Bien moins jaloux de leur survivre
Que de partager leur cercueil,
Nous aurons le sublime orgueil
De les venger ou de les suivre.

Un certain voile de mystère entoure encore l'origine de ce couplet, dont on a été longtemps sans pouvoir désigner l'auteur avec certitude. On en a attribué les vers à divers poètes, notamment à Marie-Joseph Chénier : celui-ci n'a jamais prétendu lui-même à cette paternité, à laquelle il est sans aucun doute étranger.

Les principales probabilités se partagent entre deux littérateurs aujourd'hui également oubliés, Louis-François du Bois et l'abbé Antoine Pessonneaux.

Ce dernier était un homme du Midi, professeur au collège de Vienne en 1792. Une tradition, restée fort en honneur dans son pays, prétend qu'au moment du 14 juillet, il aurait composé pour ses élèves ce couplet nouveau et le leur aurait fait chanter pour le troisième anniversaire de la prise de la Bastille. Sous la Terreur, ayant été traduit devant le Tribunal révolutionnaire de Lyon, il aurait déclaré aux juges être l'auteur du dernier couplet de *la Marseillaise* et été acquitté. Dans sa vieillesse, après 1830, il passait auprès de la population de Vienne pour avoir produit ce fameux couplet, bien qu'il n'en parlât jamais; on rapporte cependant que, lorsque Louis-Philippe accorda une pension à Rouget de Lisle, il aurait dit à ses amis : « J'ai droit à une part »; mais ses revendications se bornèrent à ce simple mot. Né quelques mois seulement avant Rouget de Lisle, il mourut un an avant lui, le 9 mars 1835.

Les détails de ce récit ont, dans leur ensemble, une apparence plus légendaire que véridique; quelques-uns sont manifestement en contradiction avec l'histoire. L'épisode de la défense de Pessonneaux devant le Tribunal révolutionnaire, est une de ces anecdotes dont il s'est inventé un grand nombre après la Révolution, et aucune confirmation n'a été fournie par les recherches ultérieures. La précision même de la date n'est qu'un indice défavorable de plus. Rien ne permet de rattacher le couplet des Enfants au 14 juillet 1792 : le chant de Rouget de Lisle n'était pas encore assez répandu à cette époque, même dans la vallée du Rhône, pour que personne ait pu songer déjà à y ajouter de nouveaux vers, et les Marseillais, au cours de leur voyage pas plus qu'après leur arrivée à Paris, n'en ont laissé de souvenirs nulle part.

Il en va tout autrement avec Louis du Bois. Celui-ci, qui n'est pas un homme du Midi, mais un Normand (né à Lisieux en 1773), a, en 1848, vers la fin d'une longue vie au cours de laquelle, après avoir été préfet de l'Empire, il s'est distingué comme écrivain provincial, publié une notice sur *la Marseillaise* dans laquelle il a écrit cette simple phrase :

« Au mois d'octobre 1792, j'ajoutai un septième couplet qui fut bien accueilli dans les journaux : c'est le couplet des Enfants, dont l'idée est empruntée au chant des Spartiates rapporté par Plutarque. »

Ici, la date se vérifie comme parfaitement d'accord avec celle que nous connaissons pour authentique; le succès de presse est constaté par les citations, dont nous avons en effet relevé plusieurs dans les journaux du temps; l'observation même relative à l'imitation du chant des Spartiates achève de nous faire paraître véridique l'assertion de l'auteur, savant humaniste et qui passait pour savoir son Plutarque par cœur. — A ces données doit s'ajouter un témoignage postérieur, mais très qualifié, celui de M. Anatole France : celui-ci s'est souvenu d'avoir connu dans son enfance Louis du Bois, vieillard aimable qui fréquentait dans les milieux littéraires où lui-même a été élevé; il a déclaré que personne n'y doutait que du Bois fût l'auteur du couplet des Enfants.

Les plus grandes probabilités semblent donc être tout en faveur de la paternité de Louis du Bois, et c'est, pensons-nous, à l'attribution des huit vers à ce « poète, historien, agronome » normand que, jusqu'à plus ample informé, il convient de nous arrêter.

Ainsi, déjà *la Marseillaise* se conformait à la loi générale qui veut que la chanson populaire « s'accroisse en marchant ». Le chant de guerre de Rouget de Lisle n'existait pas depuis six mois, depuis trois mois peut-être, que déjà il avait pris une signification toute différente et s'enrichissait d'éléments nouveaux, d'ailleurs parfaitement en rapport avec son caractère et sa nature, et fort dignes de lui être adjoints.

II

Cette période d'août à octobre 1792 est le beau moment de la popularité parisienne du chant de Rouget de Lisle. Dans toute sa nouveauté, n'ayant pas encore été compromis par des fréquentations fâcheuses, il apparaît à tous dans sa fraîcheur immaculée, sa beauté radieuse et fière. On ne se lasse pas de l'entendre, on le retrouve partout. Après la rue, il prend peu à peu possession de toutes les scènes parisiennes et ne tarde pas à entrer triomphalement à l'Opéra. Le 21 septembre 1792, le jour même où la Convention proclama l'abolition de la royauté, le canon de Valmy tonnant encore, l'Opéra donna une représentation « au profit des femmes et des enfants de nos frères qui sont partis pour les frontières », où Chéron le chanta par deux fois, entre deux pièces, en présence d'un public enthousiaste.

Une lettre écrite le 4 novembre par Grétry à Rouget de Lisle, donne les nouvelles que voici : « Vos couplets des Marseillois : *Allons, enfants de la patrie!* sont chantés dans tous les spectacles et dans tous les coins de Paris; l'air est très bien saisi par tout le monde, parce qu'on l'entend tous les jours chanté par de bons chanteurs. » Dans le même mois, le théâtre Feydeau faisait annoncer le chant de Rouget de Lisle sous le titre de *la Chanson Marseillaise,* déjà presque le nom qui est resté.

Mais son rôle ne devait pas être borné à des auditions données par un chanteur unique : l'Hymne national allait constituer, presque à lui seul, un spectacle complet, et ce ne fut pas là une des moindres curiosités, je dirais volontiers l'une des moindres beautés de l'art de la période révolutionnaire.

L'on raconte que, vers ce temps, les artistes de l'Opéra s'étaient réunis pour porter une pétition à l'Assemblée; Gossec les accompagnait. L'audience terminée, ils s'en furent dîner chez le traiteur à la mode, porte Maillot. Il faisait chaud; l'animation était grande aux abords du Bois de Boulogne; par les croisées ouvertes du restaurant, les promeneurs entendaient Lays et Chéron, les deux meilleurs chanteurs de l'Opéra, non moins célèbres par leurs talents que par leur civisme, chantant à pleine voix des airs patriotiques. La foule se massait pour entendre. Un auditeur, quelque ami de la maison, se détacha pour solliciter des citoyens chanteurs la faveur d'un morceau de musique : le dîner avait été bon, sans doute, car la requête fut accueillie de la meilleure humeur. Lays et Chéron sortirent; quelqu'un avança deux tonneaux vides sur lesquels ils montèrent, comme de bons ménétriers de village, et, sans prendre souci des rumeurs de la rue, ils attaquèrent la strophe : *Allons, enfants de la patrie.* Aussitôt, un silence religieux s'établit; la foule semblait fascinée. La mélodie se déroula, portée par les grandes voix des chanteurs; les strophes se succédèrent, le mouvement s'élargit, et les voix adressèrent leur sublime invocation à l'*Amour sacré de la patrie.*

A ce moment, voici le spectacle que l'on vit : spontanément, les spectateurs s'étaient découverts; la foule entière était à genoux.

Le maître de ballets Gardel était près de Gossec. « Il y a dans cette scène de quoi faire quelque chose pour l'Opéra », lui dit-il à l'oreille. « Faites le scénario », répliqua Gossec. Et voilà comment, le 30 septembre 1792, l'Opéra donna la première représentation de l'*Offrande à la Liberté,* scène lyrique du citoyen Gardel, musique de Gossec.

Ce n'est en effet qu'une scène, et qui n'a d'autre objet que de mettre *la Marseillaise* en action. On voyait d'abord accourir un citoyen (Chéron) qui venait jeter l'alarme au milieu d'une fête en s'écriant que la Patrie est en danger. Pendant qu'il chantait les couplets populaires : *Veillons au salut de l'empire* (dont le tour mélodique, léger et gracieux, forme un contraste un peu choquant avec le style grave du récitatif de Gossec), la population s'attroupait, les jeunes gens s'encourageant mutuellement à défendre la Liberté, « Seule divinité que le Français révère ». Puis Lays, costumé en soldat, entrait à son tour; il attaquait *la Marseillaise.* Le peuple répondait par le refrain : *Aux armes*, tandis que l'orchestre de Gossec grondait, accompagnant le chant d'accords superbes, remplissant les tenues des voix, dans le refrain, par un dessin de basses plein de mouvement. Jamais personne, pas même Berlioz, n'a mis sous *la Marseillaise* d'aussi riches harmonies.

Après le quatrième couplet, la pantomime prenait possession de la scène. Un cortège d'enfants vêtus de blanc, s'avançait évoluant autour de la statue de la Liberté, devant laquelle on brûlait des parfums. Dans l'orchestre, une clarinette exécutait sur un ton grave une paraphrase religieuse de l'hymne. Puis de lents accords

FÊTE DE L'ÊTRE SUPRÊME.

s'élevaient : un chœur à cinq voix, accompagné *pianissimo* par l'orchestre, chantait pieusement, comme subjugué par la grandeur de l'inspiration : *Amour sacré de la Patrie.* Mais, la strophe à peine achevée, un grand mouvement se produisait : des soldats armés se précipitaient, brandissant leurs fusils, leurs épées; le tocsin sonnait, le tambour battait et le canon d'alarme retentissait par trois fois : *Aux armes, citoyens!...* chantait tout le peuple : *Aux armes!...*

Ainsi réglé, l'ouvrage se jouait encore en 1799.

Le chant de *la Marseillaise* se prêtait merveilleusement aux larges développements, aux grands mouvements de foules, aux évolutions par masses, où excellaient les organisateurs des fêtes populaires et nationales de la Révolution. Il joua à la fête de l'Être suprême un rôle important.

C'est à Gossec qu'on reporte généralement tout l'honneur de la réalisation musicale du plan grandiose de cette fête, et il est parfaitement exact qu'il y eut une part considérable. Mais, au plus beau moment de la solennité, les chants de Gossec cessèrent et laissèrent la place à la mélodie de Rouget de Lisle, qui fut alors chantée de manière à laisser des souvenirs ineffaçables dans l'esprit de tous ceux qui l'entendirent ce jour-là.

Le programme de la fête avait été réglé par David. On avait élevé au centre du Champ-de-Mars une immense montagne en rocailles, surmontée d'un arbre de la Liberté, et sur laquelle avaient pris place la Convention, les musiciens des théâtres et de l'Institut national de musique (le Conservatoire), enfin une foule considérable de gens du peuple, hommes et femmes, groupés jusque dans la plaine et qui devaient prendre part eux-mêmes à l'exécution. Depuis cinq jours ces chanteurs improvisés se réunissaient le soir, après le travail, au siège de leurs sections; et là, sous la direction des maîtres qui venaient de se grouper pour former la nouvelle école de musique bientôt célèbre sous le nom de Conservatoire, ils étudiaient l'hymne qui devait être chanté par eux à la fête. Les paroles avaient été spécialement écrites par M.-J. Chénier; mais la musique était connue de tous : c'était celle de *la Marseillaise.*

Lorsque le cortège fut arrivé au Champ-de-Mars, chacun prit la place assignée d'avance. Des trompettes montèrent en haut d'une colonne qui dominait la foule : ainsi l'exigeait le programme très pratique de David, qui n'avait oublié aucun détail capable d'assurer l'excellence de l'exécution : « Les trompettes indiqueront au peuple répandu dans le champ de la Réunion le commencement de chaque strophe et le moment où sera chanté en chœur le refrain. » Et, quand le moment fut venu, Gossec leva son bâton; les instruments jouèrent la ritournelle de *la Marseillaise;* chacun des groupes populaires, étagés sur la montagne et attentifs à suivre les mouvements de leur chef, chanta la strophe qui lui était propre, le chœur des guerriers répondant à celui des mères, les jeunes filles alternant avec les vieillards; tous répétaient le refrain, sur ces paroles qui reproduisent faiblement le rythme de l'énergique *Aux armes, citoyens :*

> Avant de déposer nos glaives triomphants,
> Jurons d'anéantir le crime et les tyrans.

Le dernier couplet fut chanté par « toute la montagne ». Mais au refrain final, les trompettes placées en haut des colonnes ayant donné le signal, la foule, d'un même élan, joignit ses trois cent mille voix à celles des musiciens, tandis que deux cents tambours battaient, et que retentissait une décharge formidable d'artillerie, « interprète de la vengeance nationale, annonçant aux républicains que *le jour de gloire est arrivé* ».

Grétry n'avait pas tort lorsqu'il disait que la Révolution avait introduit l'usage de « la musique à coups de canon » : ce n'était pas, on le voit, une simple boutade, et le mot, sous sa plume, n'avait absolument rien de métaphorique.

Par le fait, le chant de *la Marseillaise*, comme un véritable motif caractéristique, est associé à tous les actes de la Révolution, jusqu'aux plus contradictoires; il en est l'accompagnement harmonieux, puissant et toujours expressif. Suivant les milieux, les événements, les passions diverses, la mélodie se transforme, s'adaptant aux circonstances, prenant, par des interprétations différentes, chaque fois un caractère et un accent nouveaux. Tantôt elle est chantée aux armées, sur le mode triomphal, par les bataillons victorieux conduits par Carnot ou par Dumouriez; tantôt elle s'assombrit, entonnée par les Girondins dans la charrette fatale. Sa beauté musicale apparaît surtout lorsqu'elle est dite par les chanteurs de l'Opéra ou du Conservatoire, aux fêtes nationales, ou dans le décor, d'une vérité si émouvante, de l'*Offrande à la Liberté;* au couplet : *Amour sacré de la patrie*, elle devient véritablement un chant religieux, quand tout le monde s'agenouille et chante lentement, dans une invocation profonde et sincère. Elle se fait familière dans les milieux plus humbles, chez les pauvres gens, qui la disent tant bien que mal dans les assemblées populaires, ou dans leurs réunions intimes, avec des paroles appropriées. Mais elle conserve toujours, et par-dessus tout, son caractère de farouche énergie. Elle en vient à prendre un aspect sinistre dans la bouche de ceux qui la chantent aux exécutions capitales. Ce fut son rôle sombre. Le 21 janvier 93, au pied de l'échafaud de Louis XVI, il se forma après le supplice une danse échevelée d'hommes et de femmes qui manifestaient leur joie en chantant la chanson des Marseillais à plein gosier, criant : « Voilà la tête du tyran à bas! » De pareilles scènes se renouvelèrent jusqu'après le 9 thermidor an II. Qui sait, tandis que Dietrich, qui l'avait chanté le premier, ou Victor de Broglie, qui avait assisté à toutes les péripéties de sa composition, ou le maréchal Lückner, qui en avait reçu la dédicace, marchaient à la mort, si la populace ne vociférait pas autour d'eux ce chant qu'ils avaient connus dans sa pureté native?... Bailly, nous l'avons vu, était parent de Rouget de Lisle. « Ah! de Lisle, disait plus tard un journal, vous aimiez tendrement votre oncle. Eh bien! les cruels, pendant votre captivité, chantaient votre hymne en signe d'allégresse lorsqu'ils le traînaient à l'échafaud! » Le fait est que l'auteur dut en éprouver parfois de véritables remords. Pour beaucoup, et pendant longtemps, *la Marseillaise* en fut salie, marquée d'une tache de sang que les plus nobles, les plus glorieux souvenirs ne pouvaient arriver à faire disparaître de devant leurs yeux.

III

Mais écartons ces pensées, et considérons l'hymne national dans son rôle héroïque, le plus beau, le plus noble, le seul, en vérité, qui soit vraiment conforme à son origine et à sa destination. Cette fois, l'on ne pourra pas dire que la volonté du compositeur ait été déçue : son chant, popularisé aux armées qui défendent la République, redevient ce que lui-même et ses amis de Strasbourg en avaient prétendu faire : un chant de guerre. Mais ils n'avaient pu prévoir ni espérer ceci : le chant de l'armée du Rhin devenant le chant universel de l'armée de la France.

Jusqu'aux premiers temps de la guerre, nous l'avons déjà vu, les troupes n'avaient pas d'autre marche nationale que le peu sérieux *Ça ira*. C'est sur son rythme dansant que se livrèrent les combats préliminaires de la campagne de Dumouriez dans l'Argonne. A Valmy, tandis que retentissait le canon français de la Butte du Moulin et de la côte d'Yvron, que les colonnes prusiennes, s'avançant d'abord d'un pas assuré, chancelaient peu à peu et s'arrêtaient, épouvantées par les clameurs et la fière contenance des soldats de Kellermann, que, dans un accent d'exaltation farouche, les cris : de *Vive la Nation!* s'élevaient, menaçants, d'une extrémité à l'autre de l'armée française, c'était le *Ça ira* que faisaient entendre les corps de musique échelonnés sur la ligne de bataille.

Mais, au lendemain de cette journée, dont les héros pouvaient dire avec une juste fierté : « Le jour de gloire est arrivé », lorsque le général, suivant l'usage des armées royales, voulut faire chanter le *Te Deum* dans son camp, Servan, ministre de la Guerre de la Convention, répondit « que la mode du *Te Deum* était passée », qu'il fallait « y substituer quelque chose de plus utile et de plus conforme à l'esprit public »; et il lui envoya un exemplaire de l'*Hymne des Marseillais*.

Ce fut ainsi que le chant de Rouget de Lisle fut introduit aux armées. Et, soit dit en passant, il a dû à l'initiative de Servan une grande partie du caractère national, officiel si l'on veut, qu'il a pris dès les premiers jours. C'était déjà ce ministre qui avait demandé à la Convention, presque dans les mêmes termes, que l'*Hymne des Marseillais* remplaçât le *Te Deum* à la fête civique donnée en l'honneur de la pacifique conquête de la Savoie. C'est encore à lui, sans aucun doute, qu'est due une des premières éditions du chant national avec musique, la plus ancienne peut-être des éditions parisiennes, l'édition du département de la Guerre, la seule qui soit datée de 1792. A tous ces titres, il est juste qu'il soit fait une mention spéciale de Servan parmi ceux qui contribuèrent à la gloire du chant de Rouget de Lisle : avec Dietrich, qui en suggéra l'idée et en fut le premier interprète, Mireur, qui le fit entendre à Marseille, et le bataillon Marseillais.

A l'armée comme à la ville, sa popularité ne fut pas longtemps à devenir universelle. Et jamais on n'a tant chanté dans l'armée française qu'en ce temps-là. Quand, dans les premiers jours d'octobre, l'armée victorieuse de Valmy se mit en marche pour aller conquérir la Belgique, joyeuse, pleine de courage et de foi (*elle n'a pas marché, elle a nagé ou volé,* écrivait son général, le grandiloquent Beurnonville), les bataillons ne cessaient pas de chanter, sous la pluie, dans les chemins les plus affreux. Peut-on douter que le nouveau chant national ait été leur chanson préférée et que la *Marche des Marseillais* fût devenue la Marche de l'armée de Belgique?

A Jemmapes commence son rôle véritablement actif dans les batailles, et il débute par un triomphe.

L'intervention décisive du chant de guerre est signalée comme s'étant produite à trois reprises différentes, sur tous les points de la ligne de bataille. Dès le matin, *la Marseillaise* retentit à l'aile gauche lancée par Dumouriez sur un des côtés du plateau de Jemmapes : les bataillons se déploient, entonnent l'hymne et montent à l'assaut. Deux des parents de Rouget de Lisle étaient là : son cousin Rouget de Lisle, fils du frère aîné de son père, porte-drapeau du bataillon des Deux-Sèvres, et le lieutenant-colonel Rouget de La Fosse, commandant le même bataillon, blessé mortellement dans l'affaire. Ainsi que lui, bien des braves restèrent en route : aucun n'aurait eu l'énergie de monter jusqu'en haut s'ils ne se fussent sentis entraînés, si leur valeur n'eût été décuplée par ce chant dont l'ardeur irrésistible les poussait.

Sur les autres points, deux fois en tentant l'assaut des redoutes on vit les lignes françaises faiblir et faillir céder. Au centre, un capitaine d'état-major, Dufresse, rallie un bataillon de volontaires en déroute, leur crie de le suivre, leur chante : *Amour sacré de la patrie;* et voilà les hommes qui reprennent leurs rangs, chantent avec leur capitaine et retournent vers Jemmapes. — A l'aile droite, c'est Dumouriez lui-même qui, prenant la tête des colonnes et s'élançant à l'assaut, entonne les premiers vers de *la Marseillaise;* et tous le suivent, « gaîment, avec un courage qu'on ne peut décrire », chantant l'hymne en un formidable unisson qu'accompagnent les bruits de la bataille.

Cette force du chant national était telle que les généraux la comptaient véritablement parmi leurs chances de vaincre. Lorsqu'en mars 1793 quelques échecs en Hollande eurent fait tomber un peu de cette belle ardeur et mis le découragement dans l'armée, Dumouriez, pour remonter le moral à ses hommes, leur adressa une proclamation d'un ton paternel, leur rappelant Grandpré, Valmy, Jemmapes, où ils avaient combattu ensemble; et, lorsqu'il en vient aux conseils, que leur dit-il? « Serrez vos bataillons, baissez vos baïonnettes, *entonnez l'Hymne des Marseillais,* et vous vaincrez. » Ainsi, voilà le chant de Rouget de Lisle consacré par le général en chef de la première armée de la Révolution, considéré par lui comme une arme, un engin de guerre. Dans cette campagne de Belgique, Dumouriez ne manqua pas une occasion de le propager : tout en l'employant comme chant de guerre, il savait lui prêter quand il convenait le caractère religieux auquel nous avons vu qu'il sait se prêter. Quand il entrait victorieux dans une ville, il célébrait un fête civique dans laquelle il l'entonnait lui-même, comme naguère le prêtre donnait l'intonation du *Te Deum.* Le lendemain de Jemmapes, 7 novembre, « Dumouriez entrant à Mons, se rendit tout de suite à la salle des États, pour y chanter religieusement *la Marseillaise* ». Le mois suivant, après l'entrée des Français à Liège, on planta un arbre de Liberté : « Dumouriez a entonné avec passion l'*Hymne des Marseillais.* » Dans le même temps, les chanteurs de l'Opéra de Paris venaient en Belgique, envoyés par le gouvernement français, « et tout cela, écrivait Grétry à Rouget de Lisle, pour chanter votre chanson patriotique et d'autres, et donner envie d'être libre ».

Comme les mois d'août à octobre 1792 sont le beau moment de la popularité de *la Marseillaise* à Paris, de même la campagne de Dumouriez en Belgique est l'époque de sa gloire la plus éclatante dans les armées révolutionnaires.

On la chante à Nerwinde, au moment le plus désespéré du combat, pour rallier les bataillons et reformer les lignes rompues par la résistance de l'ennemi : c'est la déroute, semble-t-il, on se croit battu; mais Dumouriez accourt, il rétablit l'ordre, ordonne qu'on chante *la Marseillaise;* l'armée s'avance à ces accents vainqueurs, et Nerwinde est aux mains des Français.

Puis, c'est sous Hoche que le chant national va faire ses preuves. A la bataille de Wissembourg, lit-on dans les *Mémoires* de Lavallette, « l'ennemi avait couronné le plateau du Geissberg par trente pièces de canon, qui vomissaient la mort avec une épouvantable furie; les troupes s'avançaient lentement. Quand elles furent au pied de la position, le chant guerrier se fit entendre : à l'instant, et comme emportés par un tourbillon, les bataillons franchissent l'espace, la position est emportée, les batteries en notre pouvoir et l'ennemi en fuite. »

A Watignies, maintenant, avec Lazare Carnot pour *chef d'attaque :* « Les républicains coururent à l'ennemi en chantant *la Marseillaise,* ayant à leur tête, avec le général en chef, les représentants du peuple dont l'exemple les enthousiasmait. » Cela se passait à Dourlers, la veille de la journée décisive; et le jour même, à la prise du plateau de Watignies, Carnot était encore à la tête de la colonne d'attaque, conduisant l'assaut, élevant son chapeau de représentant à la pointe de son sabre : les Autrichiens, assure un historien, ont dit que, dans l'intervalle des détonations de la canonnade, « ils entendaient retentir dans les rangs des républicains les chants belliqueux et les airs patriotiques ».

Enfin, Bonaparte sut apprécier lui-même la force d'activité et la puissance de vie contenues dans les accents du chant de *la Marseillaise*. Lors du passage du Mont Saint-Bernard, il la faisait jouer par les musiques militaires aux endroits difficiles, et ses soldats la chantaient pendant les haltes, avec le même enthousiasme qu'en 93. Le fait est qu'il n'est rien qui vous réchauffe le sang comme de chanter *la Marseillaise!*

IV

Il est un dernier témoignage dont nous ne saurions omettre de faire état, car il émane de l'ennemi. L'Allemagne a senti la puissance et admiré la beauté du chant de *la Marseillaise* dès les premiers jours qu'elle en a connu les effets : ses soldats, ses écrivains, ses artistes, et le peuple allemand lui-même, ont été d'un accord unanime pour la reconnaître et la proclamer.

Écoutons ce qu'a raconté un officier qui combattait contre nous en 1792. « Comme le jour venait de poindre, nous entendîmes sonner l'alarme. Personne ne pouvait se rendre compte des bruits qui retentissaient au loin : on croyait entendre des cris, des roulements de tambour, des coups de canon. C'était bien tout cela en effet. Les Français, qui s'étaient rapprochés de nous depuis quelques heures, saluaient l'aube matinale en même temps que l'ennemi en répétant l'hymne terrible des Marseillais. Décrire l'effet de cet hymne chanté par des milliers de voix est chose humainement impossible. »

« Cruel! barbare! combien de mes frères n'as-tu pas fait périr, » disait Kotzebue, interpellant l'auteur du chant des armées françaises.

Un correspondant du *Moniteur* conte un incident d'avant-postes où deux patrouilles de cavalerie, l'une de Français et l'autre d'Autrichiens, se trouvent inopinément face à face au tournant d'un chemin. L'officier autrichien veut faire le fanfaron, il crie :

MAISON DU GÉNÉRAL BLEIN A CHOISY-LE-ROI.
HABITÉE PAR ROUGET DE LISLE EN 1830.

« Allons, enfants de la patrie, le jour de gloire est arrivé !... » Et comme les Français, dans l'hésitation de la surprise, ne bougeaient pas, il continue : « Tu as donc peur, *enfant de la patrie ?* Tu n'oses avancer ! » A ces paroles de défi, évoquant, n'est-il pas vrai, les discours de guerriers d'Homère, les Français ripostent, en taillant en pièces la troupe adverse : sans cela *le Moniteur* n'eût pas raconté l'affaire ! « Voilà comment nos républicains répondent aux forfanteries autrichiennes », conclut-il.

Le *Chant de guerre de l'armée du Rhin* fut traduit en allemand, à Strasbourg même, moins de six mois après l'audition du 26 avril, et, chose singulière, par un des plus acharnés ennemis de Dietrich et de son parti, Euloge Schneider. Un peu plus tard, une autre traduction, *Kriegslied der Marsiller,* fut imprimée dans le même journal, et le rédacteur annonça qu'il pensait devoir intéresser par là les lecteurs qui connaissaient déjà la traduction du splendide (*erhaben*) Hymne à la liberté des Marseillais — tant le prestige du chant de Rouget de Lisle était grand et universel !

Mais voici un autre suffrage, le plus illustre qu'on puisse souhaiter : celui de Gœthe. L'auteur de *Werther,* après avoir fait en amateur la campagne de France et prononcé, dit-il, le soir de Valmy, les mémorables paroles : « A cette place et en ce jour commence une nouvelle époque pour l'histoire du monde, » avait voulu assister au spectacle du siège de Mayence, repris aux Français en juillet 1793. Le jour où il retrouva ses anciens compagnons d'armes, par un beau soleil de mai, il soupa au quartier général ; on but du champagne, et, pendant que les officiers vidaient leurs verres remplis du vin français, les hautbois d'un régiment se mirent à leur jouer le *Ça ira* et *la Marseillaise.* Il y a un personnage de *Faust* qui dit : « Un bon Allemand doit haïr les Français ; mais il boit leurs vins. » Ce jour-là, ils burent leur vin et ils écoutèrent leur musique : pouvaient-ils mieux faire, s'ils y trouvaient leur plaisir ? C'est au moins un hommage qu'ils rendaient à la France !...

De même après la prise de la ville, lorsque les Français sont sortis de la place. Gœthe, rentré avec les siens, va dîner le soir dans un restaurant où, suivant la coutume allemande, des musiciens jouent des airs de danse, tandis que les gens attablés absorbent saucisses et verres de bière. Mais quels sont les airs que le poète entend demander d'abord? Le *Ça ira* et *la Marseillaise.* « Tous les convives en furent satisfaits et réjouis, » affirme-t-il. Cette satisfaction béate de gens délivrés de leurs ennemis, et demandant, pour leur plaisir, à entendre leurs chants de guerre, est un trait excessivement allemand.

Gœthe parle une troisième fois de *la Marseillaise* dans sa relation du *Siège de Mayence.* Décrivant le défilé des troupes françaises évacuant la place après la capitulation, il raconte que, dans la colonne marchant silencieuse, soudain, en arrivant auprès de l'endroit où il était en observation, la musique d'un escadron de chasseurs à cheval se mit à jouer *la Marseillaise.* « Ce *Te Deum* révolutionnaire, continue-t-il, a quelque chose de triste et de menaçant même quand il est vivement exécuté ; cette fois, les musiciens le jouaient très lentement, en réglant la mesure sur la lenteur de la marche. C'était saisissant et terrible... »

Les musiciens enfin n'ont pas ménagé leurs hommages. Par trois fois, Schumann a emprunté le chant français pour en faire le thème d'œuvres de genres très divers. L'on sait quel magnifique emploi il en a fait dans son lied des *Deux grenadiers,* dont la conclusion, grâce à Rouget de Lisle, prend un essor et une ampleur que les mélodies de Schumann n'ont pas souvent connus. Son ouverture d'*Hermann et Dorothée* a pour thème presque unique les premières mesures de notre hymne : il semble qu'en illustrant de sa musique le poème de Gœthe, l'attention de Schumann ait été retenue presque exclusivement par l'épisode révolutionnaire qui pourtant ne fait que traverser l'idylle. Enfin, dans *le Carnaval de Vienne,* composition de fantaisie pour le piano seul, Schumann introduit encore la mélodie française, la modifiant et la travestissant d'une façon singulière : il la met à trois temps, en rythme de valse viennoise ; et, ici, l'on ne peut véritablement pas définir le sens de ce caprice, ni même distinguer s'il a un sens. Peut-être, après tout, Schumann a-t-il mis cet air dans une œuvre de musique pure par l'unique raison qu'il le trouvait beau.

Ne nous arrêtons pas à d'autres utilisations analogues tentées par des musiciens allemands de moindre importance, tout en constatant qu'il ne s'en est plus guère produit d'exemples postérieurement à 1870. Mais comment oublierions-nous que le plus allemand de tous les maîtres modernes et le plus hostile aux influences françaises, l'auteur des *Maîtres chanteurs de Nuremberg* et de l'écrit *Art allemand et politique allemande,* Richard Wagner, puisqu'il faut l'appeler par son nom, a lui-même introduit dans une de ses œuvres musicales le chant de *la Marseillaise?* Cette œuvre est, à la vérité, des moindres; pourtant, datant d'une époque où l'artiste cherchait sa voie, écrite sur des paroles d'un poète allemand, elle n'est point sans signification : c'est ce même lied des *Deux grenadiers,* dont les vers d'Henri Heine avaient déjà inspiré Schumann. Particularité singulière : les deux musiques ont été écrites dans le même temps par Schumann et par Wagner, et c'est spontanément et sans connaître la pensée l'un de l'autre que les deux maîtres allemands ont fait appel au chant français de 1792 pour caractériser l'état d'âme du soldat de Napoléon qui meurt debout en rêvant qu'il marche pour son Empereur. Dans le lied de Wagner, ce n'est pas la voix qui fait entendre la mélodie de Rouget de Lisle; mais l'instrument l'expose, sourdement d'abord, comme un écho intérieur, tandis que le chanteur prononce une expressive déclamation; mais lorsqu'arrive le refrain, après un long crescendo, l'hymne éclate enfin dans sa force et sa rayonnante beauté, illuminant la péroraison de sa flamme puissante.

Ces hommages constants rendus au chant national de la France par les plus grands hommes de l'Allemagne, nous semblent être parmi ceux qui nous doivent toucher le plus. Venant de l'ennemi héréditaire, leur sincérité ne saurait être suspectée; venant de la nation d'où sont sortis Bach, Mozart, Haydn, Beethoven, Weber, Schubert, Schumann, Wagner, ils sont tout à l'honneur du génie musical de la race française, dont le chant national est l'expression la plus naturelle, la plus directe et la plus spontanée.

CHANT DE GUERRE

Pour l'Armée du Rhin,

Dédié au Maréchal LUKNER.

On a cru satisfaire les Amateurs, en leur donnant telle que l'Original a été Imprimé à Strasbourg.

A PARIS Chez BIGNON, Graveur et Imprimeur, Place du Louvre à l'Accord parfait. ... Prix 10.s

FAC-SIMILE D'UNE ANCIENNE ÉDITION *de la Marseillaise.*

- pagnes, Mugir ces feroces soldats ? Ils viennent jusque dans vos bras, égorger vos fils, vos Com -
- pagnes !.. Aux armes, Citoyens ! formez vos Bataillons : Marchez, mar chez, Qu'un sang impur, abreu -
- ve nos sillons.
Ritournelle.
Tournez pour les Couplets.

2.e Couplet.

Que veut cette horde d'esclaves
De traitres, de Rois conjurés ?
Pour qui ces ignobles entraves,
Ces fers dès longtems préparés ? (Bis)
Français ! pour nous, ah ! quel outrage !
Quels transports il doit exciter ?
C'est nous qu'on ose méditer
De rendre à l'antique esclavage.....
Aux armes, Citoyens ! &c.

3.e Couplet.

Quoi des cohortes étrangères
Feroient la loi dans nos foyers !
Quoi ces phalanges mercénaires
Terrasseraient nos fiers guerriers ! (Bis)
Grand Dieu !.... Par des mains enchaînées,
Nos fronts sous le joug ploiraient.
Des vils despotes deviendraient
Les maîtres de nos destinées !....
Aux armes, Citoyens ! formez &c.

4.e Couplet.

Tremblez, Tirans ! et vous, perfides,
L'oprobre de tous les partis.
Tremblez !.... vos projets parricides
Vont enfin recevoir leur prix. (Bis)
Tout est Soldat pour vous combatre.
S'ils tombent nos jeunes Héros,
La terre en produit de nouveaux
Contre vous tous prêts à se battre.
Aux armes, Citoyens ! formez &c.

5.e Couplet.

Français ! en guerriers magnanimes,
Portez ! ou retenez vos coups,
Epargnez ces tristes victimes
A regrêt s'armant contre nous, (Bis)
Mais le despote sanguinaire !
Mais les complices de Bouillé !
Tous ces tigres qui sans pitié
Déchirent le sein de leur mère
Aux armes, Citoyens ! &c.

6.e Couplet.

Amour sacré de la Patrie,
Conduis, soutiens nos bras vengeurs :
Liberté ! Liberté chérie
Combats avec tes deffenseurs : (Bis)
Sous nos drapeaux que la victoire
Accoure à tes mâles accens ;
Que tes ennemis expirans
Voient ton triomphe et notre gloire.
Aux armes, Citoyens ! &c.

CHAPITRE IV

ROUGET DE LISLE APRÈS LA MARSEILLAISE

I

Gœthe, dans la subtile étude sur *Hamlet* développée d'une façon si vivante au cours de son *Wilhelm Meister,* explique ainsi l'idée essentielle de l'œuvre de Shakespeare : « Un grand acte imposé à une âme qui n'est pas assez forte pour l'accomplir. — Un chêne a été planté dans un vase précieux qui n'aurait dû renfermer que des fleurs délicates; les racines se développent et le vase est brisé. »

Cela est aussi l'histoire de Rouget de Lisle. Certes, il lui fut donné d'accomplir un grand acte, car c'en fut un, sans contredit, de créer un chant dans les accents duquel résidait une telle puissance, le chant de la Révolution, de la France nouvelle, de la nation entière, symbole d'action, de force et de foi. Nul poète, nul musicien professionnel ne fut capable de rien former de semblable. Lui-même, ce n'est pas par la seule force du génie qu'il s'est élevé jusque-là : sa personnalité compte pour peu de chose dans cette production étonnante; mais il conçut son œuvre sous des influences multiples et combinées, se laissant guider par une volonté supérieure, obéissant à une suggestion qui lui fit exprimer ce qu'en cette heure unique tout le peuple de France ressentait au fond de son âme.

Mais, une fois cette heure passée, il retomba. Interprète de la nation, il ne sut plus jamais en pénétrer les sentiments intimes.

Certes, il se souvint toujours qu'il était l'auteur du chant national; mais tous les efforts qu'il fit pour raviver la flamme qu'il avait fait luire un instant furent vains. Il ne fut pas de taille à soutenir son rôle. En réalité, dès le jour où il eut composé *la Marseillaise,* ce rôle était terminé; le lendemain, ce fut la mauvaise période de sa vie qui commença.

Elle dura quarante-quatre longues années!

Shakespeare a fait mourir Hamlet lorsqu'il a jugé fini son rôle terrestre. Pourquoi la vie ne réalise-t-elle jamais les conceptions abstraites de la poésie? Comme Rouget de Lisle nous paraîtrait plus grand, environné d'une auréole d'héroïsme et de gloire, si, par exemple, il était tombé sur un champ de bataille, au milieu des soldats combattant en chantant son hymne national!... Tandis que nous allons maintenant lui voir traîner une longue période de vie inutile, médiocre, indécise, vide et misérable.

Il avait quitté Strasbourg un mois environ après la nuit du 25 au 26 avril qui vit naître son chant de guerre. Nous le retrouvons aussitôt après à Huningue, et, cette fois, tout à sa besogne militaire. Seul officier du génie chargé de diriger les travaux de cette place importante, pendant trois mois on le voit s'y consacrer avec son activité coutumière : les Archives de la Guerre en témoignent, conservant les rapports qu'il écrivait presque journellement au ministre ou à ses chefs. Aux heures de repos seulement, il fréquentait dans la famille de Mme Dietrich, à Bâle, s'efforçant de contribuer à la propagation des idées françaises dans un pays libre et ami. Enfin il continuait dans la *Feuille de Strasbourg* ses polémiques, qui atteignirent au plus haut degré de la violence; il envoya même des articles, plus sages, à un journal de Paris, la *Chronique*.

Entre temps, il voyait autour de lui le succès de son chant se soutenir et se propager. Au 14 juillet, le *Chant de guerre de l'armée du Rhin* eut les honneurs de la fête nationale célébrée au camp de Hœnsingue, sous Huningue; les musiques des régiments le jouèrent pendant le banquet, et l'écho de son succès parvint à Paris, où *la Trompette du père Duchêne* en rendit compte et inséra les paroles dans son numéro du 23 juillet, une semaine avant l'entrée des Marseillais. Sans vouloir diminuer en rien la part de ces derniers dans la vulgarisation de *la Marseillaise,* l'on constatera, par ce détail, que l'hymne de Rouget de Lisle n'était pas absolument inconnu à Paris au moment de leur arrivée.

Enfin, survint le 10 août : date capitale dans l'histoire de la Révolution, non moins décisive dans la vie de Rouget de Lisle.

A ce moment, tous les convives du dîner strasbourgeois du 25 avril étaient dispersés, loin les uns des autres, chacun à son poste sur divers points de la frontière. Le général Victor de Broglie était à Wissembourg, avec l'état-major de l'armée du Rhin maintenant commandée par Biron (Luckner avait été pourvu d'un commandement à l'intérieur). Avec de Broglie étaient ses deux officiers d'état-major, le capitaine Caffarelli du Falga et le jeune Desaix, encore obscur officier subalterne. Achille du Chastellet, appelé à l'armée du Nord dans les premiers jours de la déclaration de guerre, se rétablissait des suites d'une grave blessure reçue en juin devant Courtrai, et faisait publier dans les gazettes ses mots patriotiques, inspirés par l'histoire romaine. Le duc d'Aiguillon, le seigneur philosophe, l'ami de Barnave, commandait la petite armée chargée de la défense des gorges de Porrentruy. Seul, Dietrich était resté à Strasbourg; mais combien la situation était changée pour lui! A la popularité des premiers jours avait succédé une méfiance qui, à cette époque où tout s'exagérait, était promptement allée jusqu'à la haine. On le traitait de traître; les accusations pleuvaient sur lui : il ne devait pas tarder à y succomber.

Bien qu'éloignés, ces hommes n'en étaient pas moins unis par un sentiment commun, et ce sentiment n'était plus celui qui convenait aux nécessités du moment. Libéraux sincères, hommes de quatre-vingt-neuf, ayant coopéré pour leur part à l'impulsion première qui aboutit à la destruction de l'ancien régime, ils étaient de ceux qui croyaient que l'on peut arrêter en chemin un mouvement aussi puissamment irrésistible. Ils prétendaient dire à la Révolution : « Tu n'iras pas plus loin. » Mais les événements sont plus logiques que les hommes. Quand la machine est lancée, elle ne va pas seulement au but, elle le dépasse, violemment, brutalement, brisant au passage tout ce qui tente de l'arrêter, puis revient en arrière et ne reprend son équilibre qu'après plusieurs oscillations. Eux dont, au premier jour de la guerre, nous avions surpris les discours d'un patriotisme si exalté que le chant de Rouget de Lisle résuma, ils ne comprirent pas cela : ils voulurent que la Révolution s'en tînt aux conquêtes des premiers jours ; ils résistèrent aux événements qui survinrent dans la suite, et ils furent brisés.

L'Assemblée législative, en présence du fait accompli par lequel la constitution s'était trouvée détruite, avait envoyé dans les départements et aux armées des commissaires chargés d'en recevoir des assurances de fidélité. Carnot, Prieur de la Côte-d'Or et Coustard furent désignés pour l'armée du Rhin.

Partout où ils passèrent, les acclamations des soldats garantirent leur fidélité à la cause nationale.

Parmi les officiers, les sentiments furent partagés. Tandis qu'à Wissembourg, quartier général de l'armée du Rhin, le général en chef, Biron, adhérait au nouveau régime, Victor de Broglie, son chef d'État-major, hésita, proposa des restrictions et fut suspendu. Le duc d'Aiguillon, après avoir feint la soumission, fut convaincu de n'être pas sincère; il émigra. Caffarelli du Falga se refusa à toute concession. Dietrich se montra indécis : il se sentait débordé; peu après le départ des commissaires, il s'enfuit de France; puis il revint et fut arrêté.

Pourquoi Rouget de Lisle, fils d'un petit bourgeois de province, lui que rien n'attachait aux institutions du passé, dont le sentiment national était si vif, si exalté, crut-il devoir prendre exemple sur ces nobles et se solidariser avec eux, plutôt que de se rallier à la grande majorité de ses camarades de l'armée restés fidèles à leur poste, sans être influencés par des considérations que primait à leurs yeux l'idée du salut de la patrie? Sans doute, sa fidélité chevaleresque lui interdit-elle de se séparer de ses amis en une circonstance si grave, — tandis que nous constatons, pour la première fois en ce jour, un trait de caractère qui, plus d'une fois dans sa vie, lui a été funeste : c'est, quand, pour quelque raison que ce soit, il avait pris un parti, un entêtement qu'aucune raison ne pouvait dompter.

Le 25 août 1792, les commissaires de l'Assemblée, poursuivant leur mission, arrivèrent à Huningue. Ils furent reçus par les habitants de la ville et la garnison avec de grandes démonstrations de respect et de dévouement. Seul Rouget de Lisle protesta. Cependant deux des représentants venaient à lui comme des amis; Carnot et Prieur étaient deux officiers de la même arme, sortis de la même école, l'un de la même promotion. « Nous forcerez-vous, dit Carnot à destituer pour cause d'incivisme l'auteur du *Chant des Marseillais ?* » Et il donna à une musique militaire l'ordre de jouer le nouveau chant national. Mais rien n'y fit : les influences antérieures et contraires étaient trop fortes; Rouget de Lisle ne céda pas.

Devant sa résistance, les représentants ne purent se dispenser d'appliquer la loi : ils suspendirent de ses fonctions le capitaine Rouget de Lisle.

Il avait travaillé jusqu'à la dernière heure : les Archives de la guerre ont conservé de lui un rapport sur l'état des travaux de la place d'Huningue daté du jour de sa suspension, 25 août 1792.

Il quitta Huningue vers la fin du mois d'août. Proscrit volontaire, il se jeta d'abord dans les montagnes pour échapper à des poursuites imaginaires : cette manière romantique lui plaisait; elle était dans l'esprit de l'époque et dans sa propre nature. « J'étais errant en Alsace, sous le poids d'une destitution encourue pour avoir refusé d'adhérer à la catastrophe du 10 août, et poursuivi par la proscription immédiate... » Ainsi a-t-il pu s'exprimer plus tard sans altérer en rien ce qu'il croyait être la vérité.

Il courut à travers les montagnes et les forêts des Vosges pendant tout le mois de septembre, comme s'il eût été réellement traqué.

Un jour qu'il avait pris pour guide un jeune garçon du pays, comme ils passaient dans une gorge étroite, rocheuse et très rapide, dans les environs de Ribauvillé, voilà que le montagnard, pour s'exciter à la marche, se prit à chanter :

Allons, enfants de la patrie!

Rouget de Lisle dressa l'oreille. « Que chantes-tu là, mon garçon? lui dit-il.

— Comment donc, Monsieur, ce que je chante-là? Eh! c'est la *Chanson des Marseillais!* Est-ce que vous ne la connaissez pas? Tout le monde la sait par cœur.

— Oh! si, si, je la connais bien et je la sais par cœur comme toi. Mais cette chanson faite à Strasbourg, pourquoi l'appelles-tu *Marseillaise?*

— Elle n'est pas de Strasbourg, Monsieur; ce sont les Marseillais qui l'ont composée et qui l'ont portée à Paris où elle se chante tous les soirs sur les théâtres. J'ai vu ces Marseillais avec leurs bonnets rouges, et je les ai assez entendus chanter leurs couplets! »

Ce fut ainsi que Rouget de Lisle connut le nom populaire de son œuvre et sa popularité même, qu'il n'avait pu soupçonner devoir être si universelle, si rapide.

Pendant ce temps, l'ennemi s'avançait dans les provinces françaises. Il avait pris Longwy, Verdun, il était en Champagne; Paris menacé était affolé de terreur. Rouget de Lisle eut un remords; il quitta ses montagnes et vint à Colmar. Précisément la Convention nationale venait de se réunir; le roi était déclaré officiellement déchu, la République proclamée en France. Rouget de Lisle s'inclina devant la volonté de la Nation. Il demanda à reprendre du service à l'armée comme volontaire, et fut attaché comme aide de camp au général Valence. « Venez me joindre, lui écrivit ce dernier, j'aurai bien soin de l'auteur d'une chanson devenue le cri général de la République. »

Il rejoignit à Verdun, le jour même où l'armée victorieuse de

Valmy y rentrait. Le lendemain, il prêta le serment civique devant les commissaires, qui lui donnèrent acte de sa réhabilitation provisoire. Puis il s'en fut à l'armée du Nord qui se préparait à entrer en Belgique.

Il prit part aux opérations du siège de Namur; le vieux lieutenant général Bouchet a témoigné qu'il s'y distingua sous ses ordres et servit « avec zèle, bravoure et intelligence dans sa qualité d'ingénieur ».

Mais cela ne pouvait pas durer. Grisé, semble-t-il, par le succès de son œuvre, il était devenu orgueilleux, irascible, indiscipliné. Il eut à subir les reproches de son général, qui d'abord voulut le traiter en enfant gâté, mais qui finit par l'abandonner à son sort. Revenu à Paris en janvier 1793, il y resta, sous le prétexte de régulariser sa situation militaire. Dès ce moment, et sans que sa suspension eût été prononcée, il cessa de toucher sa solde.

En plein quatre-vingt-treize, il se remit à vouloir faire de la littérature et du théâtre. On le vit, en août, offrir de nouveau à l'Opéra le livret d'*Almanzor et Féline,* déjà présenté deux ans auparavant.

Mais la politique n'allait pas tarder à le reprendre. En ce même mois d'août, il fut définitivement suspendu de ses fonctions de capitaine; puis il tomba sous le coup de la loi des suspects, laquelle visait particulièrement ceux qui « par paroles, actions ou écrits se sont montrés partisans du royalisme ou du fédéralisme » ainsi que « les fonctionnaires destitués ». Un arrêté du Comité de Salut public, en date du 18 septembre 1793, ordonna qu'il fût mis en état d'arrestation, et il fut enfermé le 24 dans la prison de Saint-Germain en Laye. Un autre arrêté du 17 nivôse an II prescrivit de nouveau son incarcération : il aurait donc été relâché, puis repris. Notons que Dietrich fut exécuté le 28 décembre 1793; peut-être faut-il voir dans cette coïncidence une explication de la seconde arrestation de Rouget de Lisle, que sa fidélité à ses amis aurait incité à quelque excès de langage tombant sous le coup de la dure loi de ce temps.

Il rédigea dans sa prison et fit imprimer un mémoire justificatif, daté de la *Montagne du Bon air* (nom révolutionnaire de Saint-Germain), sous ce titre : *Joseph Rouget de Lisle, capitaine au corps du génie, au peuple et aux représentants du peuple,* pièce précieuse pour la biographie de l'auteur de *la Marseillaise.* Il y rappelle d'abord à grands traits les principaux événements de sa vie publique, et s'écrie en terminant :

« Celui-là peut-il être soupçonné d'un patriotisme tiède qui a fait l'*Hymne des Marseillais,* qui l'a fait au mois d'avril 1792, qui l'a publié au milieu d'une garnison où fourmillait encore l'aristocratie ? »

Et il conclut en ces termes :

« Je demande que la Convention nationale décrète que l'auteur de l'*Hymne des Marseillais* a bien mérité de la patrie, et qu'elle charge ses Comités de Salut public et de Sûreté générale de faire droit incessamment aux réclamations que je lui adresse. »

Mais cet appel resta sans écho tant que dura le pouvoir de Robespierre.

Comme d'autres poètes, Rouget de Lisle employa les loisirs de sa prison à écrire des vers, et, ce qui le distingue, à les mettre en musique. On a conservé une pièce de ce temps dont le sujet a de quoi un peu nous étonner, étant choisi par celui qui avait si fort protesté contre les premiers événements de la Révolution : c'est un *Hymne à la Raison,* publié en « l'an deuxième de la République française une et indivisible », sous son nom de J. Rouget de Lisle, capitaine au corps du génie, auteur du chant Marseillais. — *Ille ego qui quondam...* » ajoute-t-il en épigraphe. Méhul a écrit un accompagnement pour la mélodie composée par Rouget. L'œuvre, dans son ensemble, est austère : elle n'a rien de l'éclat du chant de guerre de 1792, rien surtout de sa spontanéité. Voici une strophe qui donnera une idée plus que suffisante du style de cette ode :

Comment sont tombés en poussière
Ces colosses audacieux
Qui de leurs pieds foulaient la terre
Et dont le front touchait aux cieux?

Où sont ces coutumes barbares,
Où sont ces trônes, ces tiares,
Fléaux des peuples asservis?
Hier, de leur pompe dissolue,
Ils affligeaient encore ma vue...
Je ne vois plus que leurs débris.

Singulier désir que celui de faire comme tout le monde, quand on a fait ce que n'avait fait personne! Être Tyrtée, et avoir pour ambition d'imiter Lebrun!...

Le 9 thermidor arriva. Ce fut pour Rouget de Lisle le jour du salut. Dès qu'il eut connaissance de l'événement, il fit un nouvel appel à l'inspiration, qui, depuis quelque temps, devenait un peu trop souvent complaisante. Il écrivit les paroles et la musique d'un *Hymne dithyrambique sur la conspiration de Robespierre et la Révolution du 9 thermidor,* et en fit hommage à la Convention, en demandant sa mise en liberté. L'hymne fut présenté par Tallien à la séance du 17 thermidor, sous le nom de « Rouget de Lisle, auteur de l'Hymne des Marseillais »; l'Assemblée décréta la mention honorable et renvoya la demande de mise en liberté au Comité de Sûreté générale, qui y fit droit immédiatement.

Et voyez combien les malheurs avaient aigri Rouget de Lisle et l'avaient rendu irritable, susceptible aux moindres contradictions! Sorti de prison, il ne se jugea pas satisfait : un membre du Comité de Salut public ayant trouvé mauvais qu'il eût été mis en liberté en si grande hâte, il écrivit à la Convention, en un style plein de superbe, pour lui proposer de rentrer en prison! Comme toujours, il signe cette supplique, d'un genre assez rare, de son titre d' « auteur de l'Hymne des Marseillais ». La Convention n'attribua à cette boutade que l'importance qui lui convenait, c'est-à-dire aucune, et Rouget de Lisle put jouir pleinement de la nouvelle situation qu'un de ses plus dignes émules, Marie-Joseph Chénier, avait heureusement exprimée dans un *Hymne au 9 thermidor* composé par lui en collaboration avec Méhul, et qui commençait par ce vers significatif :

Salut, neuf thermidor, jour de la délivrance!

II

Ces événements étant accomplis, Rouget de Lisle se lança dans la réaction la plus violente. De cela on ne saurait ni se montrer surpris ni le blâmer. Si nombreuses que soient les contradictions qu'on pût lui reprocher au cours de sa longue vie, il faut convenir qu'à ce moment, après une année de captivité, ayant vu ses amis morts, dispersés, proscrits, il était assez naturel qu'il éprouvât des sentiments de haine et de vengeance. Il avait vu mourir Dietrich, exécuté après un long emprisonnement et des formalités sans nombre; Victor de Broglie, une des dernières victimes de Robespierre, guillotiné le 27 juin 1794, et qui, en mourant, avait recommandé à son jeune fils de rester fidèle à la Révolution, « même ingrate et injuste ». Achille du Chastellet, arrêté vers le même temps que les Girondins dont il était l'ami, s'était empoisonné dans sa prison. Rouget avait reçu des lettres touchantes de Mme de Dietrich et Mme de Broglie après la mort de leurs maris. Le duc d'Aiguillon s'était exilé. De tous ceux qui l'avaient assisté, encouragé, inspiré dans la plus importante circonstance de sa vie, à ce repas de Strasbourg qui fut comme la cène où, au milieu des apôtres de la Liberté réunis dans une pensée commune, le mystère qui donna naissance à l'hymne de la nouvelle religion se prépara, il ne retrouvait presque plus personne.

Il se mêla aux foules tumultueuses et hurlant la vengeance, participa aux manifestations aristocratiques et contre-révolutionnaires; il prit sa place parmi les muscadins, les incroyables, la jeunesse dorée, s'en alla, après avoir été lire le journal de Fréron au Palais-Royal, assommer les jacobins dans les rues, danser le soir au bal des victimes, ou chez Mme Tallien, ou chez la veuve du général Beauharnais, future impératrice de France, et toutes les belles dames qui donnaient le ton à la société nouvelle. Il fut de ceux qui envahirent la Convention dans la journée du 12 germinal an III. On le vit encore, au 1er prairial, accompagné de son jeune ami Fritz Dietrich, s'efforcer d'arrêter l'émeute populaire :

aux côtés du président Boissy-d'Anglas, quand la tête de Féraud lui fut présentée au bout d'une pique, il fut, dit-on, blessé d'un coup de feu.

Par une plaisante contradiction, tandis que Rouget de Lisle combattait dans les rangs des ennemis de la Révolution, *la Marseillaise* était restée le chant de ralliement des jacobins et des montagnards. Les thermidoriens éprouvèrent donc le besoin d'en avoir un autre à lui opposer.

Ils adoptèrent, le *Réveil du peuple,* dont les paroles avaient été écrites par un journaliste réactionnaire, auteur dramatique obscur, Souriguière, et la musique, en un style d'opéra-comique qui grimace sur de telles paroles, par Gaveaux. On y trouvait des gentillesses comme ceci :

> Rendons aux monstres du Ténare
> Tous ces buveurs de sang humain...
>
> Ah ! qu'ils périssent ces infâmes!...
>
> Oui, nous jurons sur votre tombe
> De ne faire qu'une hécatombe
> De ces cannibales affreux.

Pourquoi donc est-ce la *Carmagnole,* ou le *Ça ira,* ou *la Marseillaise,* qui ont passé pour des chants sanguinaires? Certes, en aucun temps, aucune chanson ne le fut plus que le contre-révolutionnaire *Réveil du peuple.* La lutte s'engagea entre lui et *la Marseillaise,* dans la rue, au théâtre, au sein des assemblées, acharnée, tumultueuse, certains jours même sanglante. Le contrecoup en fut ressenti jusqu'à l'intérieur de la Convention, où, pour célébrer les fêtes nationales, le Conservatoire venait parfois, en séance, faire entendre les airs patriotiques. Le 26 messidor an III (14 juillet 1795), le *Réveil du peuple* fut vainement réclamé par la Plaine. Mais il eut sa revanche quinze jours après, premier anniversaire du 9 thermidor, où un député en demanda positivement l'exécution. En entendant cette proposition, « les restes de l'ancienne Montagne, dit le *Moniteur,* firent éclater de violents murmures; mais l'Institut (le Conservatoire) ne leur donna pas le temps de manifester davantage leur mécontentement et leur opposition; il commença *le Réveil du peuple,* qui fut couvert d'applaudissements. » Ce jour-là, le chant thermidorien demeura maître de la place.

Ce fut cependant à cette époque que l'hymne de Rouget de Lisle reçut la consécration suprême et devint officiellement le chant national. A la séance du 26 messidor an III, l'*Hymne des Marseillais,* qu'on n'avait pour ainsi dire pas entendu depuis un an, avait produit une impression profonde. Au milieu de l'enthousiasme, le Conventionnel Jean Debry demanda la parole et proposa « que l'*Hymne des Marseillais* fût consigné tout entier dans le procès-verbal, et que le Comité militaire donnât des ordres pour que cet air fût joué chaque jour à la garde montante ». On applaudit, et la proposition de Jean Debry fut adoptée au milieu des bravos et des cris de *Vive la République!*

C'est sous ce régime que nous sommes encore aujourd'hui. Lorsqu'en 1879 des députés proposèrent à la Chambre d'adopter *la Marseillaise* comme chant national de la République française, l'on fit observer que le décret du 26 messidor an III n'était pas abrogé, et l'on convint d'en revenir à son application pure et simple.

Après ces intermèdes, dont le moindre défaut fut de durer un peu trop longtemps, il fallut bien en revenir aux choses sérieuses. Rouget de Lisle songea enfin à régulariser sa situation militaire. Sa réintégration dans les cadres de l'armée ne devait pas souffrir de difficultés; mais, avec son caractère entier, son intransigeance obstinée, il voulut trop exiger. Par une lettre écrite au Comité de Salut public à la date du 19 brumaire an III, il posa ce dilemne : ou bien toucher son traitement depuis le 1er janvier 1793, époque de sa suspension, ou bien passer en jugement! Sans qu'il fût tenu compte de cette prétention, Rouget de Lisle fut réintégré comme capitaine de première classe à la date du 30 ventôse an III (20 mars 1795), avec rang du 1er vendémiaire (22 septembre 1794). Deux mois plus tard, le 25 floréal (14 mai), il fut désigné pour être employé à l'armée du Rhin; mais il ne rejoignit pas ce poste, et reçut bientôt une autre destination.

C'était l'époque où une armée d'émigrés, portée par les vaisseaux anglais, allait débarquer sur les côtes de Bretagne, où Hoche se préparait à la bien recevoir. Tallien, envoyé auprès de lui comme représentant en mission, se fit accompagner par Rouget de Lisle; ils partirent ensemble pour Quiberon.

Rouget a laissé une relation détaillée de cette campagne, où il fut toujours aux premières places pour tout voir, et dont il a rapporté des souvenirs précis et vivants. Il conte d'abord la marche au milieu du pays insurgé, les attaques des chouans postés en embuscade derrière les buissons et les ripostes de l'escorte des Nantais, au chant de son refrain : « Mourons pour la patrie ». Il ne craint pas d'entrer dans des détails familiers qui donnent de la vie à son récit. La journée décisive était venue; l'armée ennemie avait pris position en face de la presqu'île de Quiberon. Dans la nuit, le général donna l'ordre de marcher en avant. Mais un orage éclata : il fallut s'arrêter; Hoche et les représentants se réfugièrent sous une tente avec Rouget de Lisle. « Peu de choses dans ma vie, écrit-il, m'ont surpris autant que ce qui se passa dans cette petite réunion. Rien de plus enjoué, de plus frivole, de moins analogue à la circonstance que la conversation qui s'y tint, et dont Hoche fit les frais en grande partie. Au bout d'une heure, quoiqu'il plût encore à verse, il se lève brusquement, comme par inspiration, et s'écrie : « C'est assez de folies; il est temps de faire le général. »

En effet, le lendemain était le jour de la bataille. Rouget de Lisle la décrit simplement, sobrement, sans rapporter à sa personne la gloire de la journée. Là encore, il raconte une anecdote familière, une rencontre sur le champ de bataille avec un soldat qui se met à lui parler dans son jargon provincial : « Voyez voir, mon officier... j'ai bien fait, pas vrai que j'ai bien fait, mon capitaine? » Rouget de Lisle tressaille en entendant l'accent, bien reconnaissable : « Camarade, lui dit-il, tu es franc-comtois? — Tiens! voyez voir comme il l'a deviné!... Sûrement je suis comtois, et de Moirans, encore! — Donne-moi ta main, pays, moi je suis de Lons-le-Saulnier. — De Lons-le-Saulnier, en vérité? Quel bonheur! trouver un pays juste en ce moment! »

L'heure de l'attaque approchait : l'armée républicaine, arrivée au pied du fort, allait donner l'assaut. Les émigrés, acculés à la mer, trop peu nombreux pour résister, étaient perdus. Les historiens ont raconté l'affaire en des termes vagues. « Une voix, disent-ils, partit des rangs républicains et cria : Rendez-vous. » Il paraît que cette voix fut celle de Rouget de Lisle, parlant au nom du général en chef. Celui-ci s'apprêtait à commander la charge : Rouget intercéda, priant qu'il lui fût permis d'aller en avant des lignes pour parlementer. Faisons place à son récit :

« Hoche me répondit : « Allez leur signifier de rendre les armes, ou qu'ils sont jetés à la mer. » Je poussai mon cheval, heureux d'avoir obtenu ce répit, si faible qu'il fût. « Surtout, me cria le général, qu'ils aient à faire cesser le feu de la flotte anglaise. Si je perds un homme, ils sont tous morts. » Je me portai rapidement vers le fort, où je vis régner une extrême agitation parmi les royalistes... Un d'entre eux, que j'entendis nommer, voyant ce trouble tumultueux, et riant comme un insensé, demandait à ses compagnons qui lui imposaient silence « si c'étaient les carmagnoles qui arrivaient? » A mon approche, un grand nombre s'avancèrent au bord du rocher. Que n'éprouvai-je point lorsque du milieu d'eux j'entendis s'élever plusieurs voix qui m'appelaient par mon nom, celles sans doute d'anciens camarades, ou d'officiers qui m'avaient connu dans les garnisons! — « Messieurs, dis-je avec le peu de fermeté que je pus recueillir, voici les propres paroles que le général m'a chargé de vous transmettre : *Allez leur signifier de mettre bas les armes, ou qu'ils sont jetés à la mer.* — Mais, Monsieur, nous avons envoyé des parlementaires, et nous attendons leur réponse. — Vous avez vu la réception qu'on leur a faite, et qu'on n'a point voulu les écouter. Messieurs, décidez-vous; nul délai n'est admissible. *Surtout, a dit encore le général, qu'ils aient à faire cesser le feu de la flotte anglaise; si je perds un homme, ils sont tous morts.* »

Après quelques nouveaux pourparlers, les émigrés se soumirent aux sommations. « C'en est fait, général, ils vont se rendre, » dit Rouget de Lisle. « Oui, répondit-il; ma tâche est remplie; mais celle des représentants commence... »

Lazare Hoche.

Comme Rouget de Lisle fait ici meilleure figure, comme il est mieux dans le milieu qui lui convient que lorsqu'il se mêle de politique, à quoi il n'entendait rien! Les modernes règlements militaires sont sages lorsqu'ils interdisent aux officiers de prendre part à la vie publique autrement qu'en travaillant au salut de la patrie par les armes. Hélas! il y va sacrifier encore, à la politique; il s'y sacrifiera lui-même! Par une maladresse inouïe, il agira de telle sorte que bientôt la carrière militaire va lui être définitivement fermée.

Il revint de Quiberon à Paris avec Tallien. A ce moment, les dispositions étaient les meilleures du monde à son égard. C'est pendant qu'il était en campagne qu'avait eu lieu cette séance de la Convention où son hymne avait été décrété chant national. Sa personnalité même avait, en ce jour, attiré l'attention de l'Assemblée : sur la proposition de Jean Debry, son nom fut inscrit honorablement au procès-verbal; un autre conventionnel, Charles Delacroix (père d'un fils illustre, Eugène Delacroix) demanda qu'on exécutât dans une fête publique son *Ode à la Liberté* (l'*Hymne à la Liberté* chanté à Strasbourg en 1791); un troisième enfin, Roux (de la Haute-Marne) apprit à l'Assemblée « que Rouget de Lisle était allé combattre les Anglais et les émigrés débarqués sur nos côtes », et cette annonce fut couverte d'applaudissements. A la séance du 9 thermidor, après que Tallien, revenu de Quiberon, eut fait à la Convention le récit de son expédition, Fréron fit connaître que « le nouveau Tyrtée » n'avait point quitté la tête des colonnes républicaines pendant toute cette action où il servait comme volontaire, qu'il avait été blessé à la cuisse d'un coup de mitraille, et il demanda qu'un emploi lui fût donné dans les armées de la République. Cette proposition fut adoptée.

En attendant, la Convention, voulant donner un témoignage immédiat de sa reconnaissance à l'auteur de *la Marseillaise,* lui fit don, par l'organe de son Comité d'Instruction publique, de «deux violons, avec leurs archets et étuis », — deux violons d'honneur, accordés à l'auteur de l'hymne républicain à titre de récompense nationale!

Ayant, à ce moment, attaché sa fortune à celle de Tallien, assidu du salon de Madame Tallien, Rouget de Lisle, au 13 vendémiaire, alla prendre place parmi les défenseurs de la Convention, aux côtés de Bonaparte (comme lui officier sans emploi pour raisons politiques), et il combattit ces mêmes thermidoriens avec lesquels il avait envahi l'Assemblée six mois auparavant. Ce qui prouve que l'on savait déjà pratiquer en ce temps-là le principe recommandable : toujours prêt à défendre les institutions, et, au besoin, à les combattre!

Mais sa maladresse et ses excès de zèle le perdirent. Il avait vraiment un trop grand désir de jouer un rôle et de se mettre en avant. Il eut des querelles publiques et retentissantes. Il aimait à dire leur fait aux puissants. Il prit l'attitude d'un redresseur de torts et se posa en chevalier français.

Lorsqu'il fut question, dans les conseils du gouvernement, de rendre à l'Autriche la jeune princesse, fille de Marie-Antoinette, gardée au Temple, il s'offrit pour l'accompagner, sans songer que cet empressement à servir les princesses ne pourrait manquer d'être interprété par la malignité publique comme la manifestation de sentiments royalistes. De fait, il perdit tout crédit et ses protecteurs l'abandonnèrent.

Il ne sut même pas garder sa place dans l'armée et en sortit par un coup de tête qui fut certainement l'acte le plus funeste de toute sa vie.

Depuis le 10 août 1792, Rouget de Lisle considérait Carnot comme un ennemi. Croyant trouver en lui le principal obstacle à l'accomplissement de ses ambitions et se voyant impuissant à le briser, il prit le parti de se retirer sous sa tente. Par une lettre écrite au Directoire le 13 ventôse an IV (3 mars 1796), il donna sa démission de son grade de capitaine.

C'est ici qu'on peut voir combien Rouget de Lisle était injuste dans ses soupçons, et quelle bienveillance, quelle déférence, quelle estime pour l'auteur du chant national témoignaient ceux avec lesquels il le prenait de si haut : au lieu d'accepter la démission, le ministre de la Guerre, par retour du courrier, lui écrivit, dans les termes les plus obligeants, qu'au moment où il recevait sa lettre il venait de signer sa nomination au grade de chef de bataillon (12 ventôse an IV).

Un peu étonné, il sembla d'abord se tenir pour satisfait. Mais, avec sa nature ombrageuse, il ne devait pas tarder à se croire de nouveau persécuté. L'emploi qu'il ambitionnait tardant à lui être confié, il donna pour la seconde fois sa démission (9 germinal an IV); puis il écrivit à Carnot de longues lettres, dont la phraséologie verbeuse prenait personnellement à partie, sur le ton le plus arrogant, l'ancien organisateur de la victoire. « Je suis votre ennemi, Carnot... Je suis votre ennemi parce que de tout temps vous m'avez paru être l'ennemi de la chose publique, et qu'il est des faits avec lesquels l'homme pur, le patriote irréprochable, ne compose point, etc. »

Il lui semblait d'ailleurs que tout cela ne fût qu'un jeu, et il croyait pouvoir reprendre à son gré cette démission donnée si légèrement. Mais il fut cruellement déçu quand, après de nouvelles démarches, il reçut du Ministre, le 9 germinal an V, une dernière et définitive réponse par laquelle il apprenait que, le Directoire ayant décidé antérieurement qu'il ne serait plus employé d'officiers démissionnaires, Rouget de Lisle ne pourrait pas être exempté de cette disposition générale.

Et, pendant ce temps, Desaix, qu'il avait connu à Strasbourg tout jeune lieutenant, Kléber, qu'il avait pu voir simple grenadier volontaire du Haut-Rhin à son passage à Huningue, Bonaparte, Hoche, Moreau, Jourdan, Joubert, tant d'autres encore, plus jeunes que lui pour la plupart, étaient en Allemagne ou en Italie, conquérant chaque jour de nouvelles gloires, tandis que lui, plus avancé qu'eux tous au début de la Révolution, il se trouvait à tout jamais exclu de cette armée dont il avait chanté avec un si prestigieux accent les héroïsmes et les enthousiasmes!

Il se remit une fois encore à écrire, cultivant concurremment la musique et la poésie, en témoignant d'une préférence de plus en plus marquée envers la première, pour laquelle *la Marseillaise* lui avait révélé son génie. Il s'efforça de renouveler son succès en profitant de toute occasion pour écrire de nouveaux chants suggérés par l'actualité, — comme s'il était possible de trouver deux fois en une vie un concours de circonstances tel que celui qui avait permis l'essor du chant national! Nous l'avons déjà vu composer, en quatre-vingt-treize, un *Hymne à la raison,* puis, à l'annonce de thermidor, l'*Hymne dithyrambique sur la conjuration de Robespierre.* Il a encore écrit un chant du *Vengeur,* et mis en musique des vers d'autres poètes, inspirés, comme les siens, par des événements du temps : *la Jeune captive,* d'André Chénier, et cette complainte de *Mont-Jourdain* (autre victime de l'échafaud révolutionnaire) que « gémissaient » tous les pianos de Paris, au dire des frères de Goncourt.

Et, ayant réuni ces nouvelles œuvres aux productions plus ou moins fugitives des années antérieures, il les publia sous les deux formes qu'imposait son double génie : en un volume de vers et un recueil de musique. La même année 1796 vit paraître ses *Essais*

LA BLANCHE MARGUERITE

Romance

DE

Révoile.

Musique de

ROUGET DE L'ISLE,

Auteur des Paroles et de la Musique de la Marseillaise

Propté de l'Editr. *Prix 2 Fr.*

A PARIS.

chez Maurice SCHLESINGER, Edr. Marchd. de musique,

Rue de Richelieu N.° 97.

TITRE D'UNE ROMANCE DE ROUGET DE LISLE.

en vers et en prose, imprimés chez P. Didot, et quatre cahiers de ses *Romances avec accompagnement de forte-piano et de violon obligé,* en vente chez Pleyel.

Nous retrouvons dans le premier les poésies que nous avons déjà appris à connaître en étudiant la vie de notre auteur. Certaines pièces sont accompagnées de notices ou d'indications instructives. Quelques-unes portent des dédicaces qui prouvent que Rouget de Lisle restait fidèle à la mémoire de ses amis d'autrefois, disparus dans la tourmente. *Roland à Roncevaux* est dédié « Aux mânes de Frédérik Dietrich, premier maire de Strasbourg », avec l'épigraphe : *Dulce et decorum est pro patria mori.* Le *Chant de thermidor* est offert « aux mânes de Victor Broglie », et l'*Hymne à la Liberté* « aux mânes d'Achille du Châtelet ». *Le Vengeur* est donné sous ce titre : *Les héros du Vengeur, chant national, aux marins français.*

Quant à *la Marseillaise,* mise en belle place au milieu du livre, comme morceau final de la première partie, voici le libellé exact de son titre et de tout ce qui l'accompagne :

« *Le Chant des combats,* vulgairement appelé l'*Hymne des Marseillais.* — Aux mânes de Sylvain Bailly, premier maire de Paris. — *Exegi monumentum,* Horace, ode 24, liv. 3. — Strasbourg, jour de la proclamation de la guerre. »

Enfin, l'auteur de *la Marseillaise* voulut présenter à un musicien la dédicace générale du livre. Il sut choisir le plus digne : il l'offrit à l'auteur du *Chant du départ.* Voici l'épître, bien dans le style du temps, qu'il plaça sur la première page.

A MÉHUL

« Reçois, ami, ce tribut de l'estime et de l'admiration.

« Une âme fière et sensible, des talents sublimes, la dignité du véritable artiste, tels sont les titres auxquels il est offert. Qu'ils sont beaux, comparés à ces titres mensongers qui jadis altéraient tous les hommages, auxquels j'eusse peut-être sacrifié, comme tant d'autres, mais qu'enfin je sais apprécier !

« Chantre d'*Euphrosyne*, d'*Adrien,* de *Stratonice* et de *Mélidore,* tu es l'orgueil de tes rivaux; ton siècle te contemple; la postérité t'appelle. Puisse la couronne qu'elle te destine s'embellir à tes yeux par cette fleur qu'y ajoute l'amitié.

« J. Rouget de Lisle. »

La lettre que Méhul répondit en remerciement, n'est pas moins caractéristique. — C'est un honneur trop grand pour lui, dit-il; il ne sera jamais digne du rang que lui assigne son ami; que vont dire ses nombreux détracteurs? Il le conjure de ne pas adresser son épître à ses collègues, car il serait fort embarrassé devant eux s'ils connaissaient les éloges qu'il lui prodigue. Il ajoute : « Cependant (je te le dis tout bas), ne la supprime pas. Tu sais que j'ai la folie de sauver mon nom de l'oubli; eh bien! si mes ouvrages ne peuvent parvenir à ce but, tu auras fait en un instant ce que je n'aurai pu faire dans toute ma vie. »

Quant aux romances, la série entière ne nous en est pas connue : leurs quatre livraisons rentrent dans la catégorie des ouvrages rares. Le peu que nous en savons nous apprend qu'en dehors de ses propres vers, Rouget de Lisle a choisi, pour les mettre en musique, des poésies de caractère sentimental telles que la romance de *Paul et Virginie* et la pastorale de Florian : *Robin Gray;* d'autres donnent un certain avant-goût du romantisme Shakespearien : tel un « *Lai d'Ophélie,* paroles de Louise l'Abbé, surnommée la belle Cordière. Nous verrons plus tard Rouget de Lisle cultiver avec une véritable faveur le genre de la romance troubadour. La musique, sans prétendre à s'élever très haut, dénote au moins un sentiment naturel et sincère, et tend évidemment à l'expression.

Deux ans après l'apparition de ces deux ouvrages, Rouget de Lisle eut la fortune inattendue d'être représenté dans le même mois (mai 1798) sur les deux grands théâtres lyriques de Paris, l'Opéra et l'Opéra-Comique.

Au premier, où il se produisit comme poète et musicien tout ensemble, il donna *le Chant des Vengeances,* — encore une œuvre d'actualité, motivée par la reprise de la guerre. Plus novice encore que Jean-Jacques Rousseau, qui, lui, du moins, n'a laissé à aucun autre le soin d'orchestrer *le Devin du village,* Rouget, ayant, au rapport des contemporains, composé « le cadre, les paroles et la partie du chant de cet intermède », dut, pour mettre sa musique en état d'être exécutée à l'Opéra, faire appel à la collaboration d'un professionnel, Eler : celui-ci a écrit l'accompagnement de ses mélodies vocales et y a ajouté une ouverture. L'œuvre, froide et obscure (représentée le 18 floréal an VI, 7 mai 1798), n'obtint aucun succès.

Méhul.

A l'Opéra-Comique, Rouget de Lisle se présenta seulement comme librettiste, ainsi qu'il l'avait fait avant la guerre avec Champein et avec Grétry. Cette fois, son collaborateur fut DellaMaria, et la pièce, qui fut représentée le 23 mai, eut pour titre *Jacquot ou l'Ecole des mères.* Le succès en fut estimable et modéré.

Rien de tout cela ne dépasse le niveau d'une honnête moyenne.

Cependant, Rouget de Lisle n'avait pas encore renoncé à l'espoir de rentrer dans la vie publique. De nouvelles circonstances le favorisèrent; mais, à son habitude, il ne sut pas les saisir. Nous l'avons vu se quereller naguère avec Carnot, voilà maintenant qu'il va se brouiller avec Napoléon Bonaparte.

Ses rapports avec le futur empereur avaient pourtant bien commencé. Combattant du 13 vendémiaire, familier du salon de Joséphine, Il était en droit d'espérer d'heureux résultats de leur protection. Il fut nommé en 1798 à un emploi diplomatique près la République batave. Quand il revint, Bonaparte était au pouvoir; c'est donc à lui qu'il eut à rendre compte de sa mission. Il le fit avec son enthousiasme et son désordre d'esprit coutumiers. « Sauvez-la, citoyen consul, écrivit-il, sauvez-la cette malheureuse Batavie qui vous tend les bras... Sauvez-la d'une intrigue infernale... » (6 nivôse an VIII). Dans ses lettres, longues, très longues, il réclamait, bien entendu, des réformes; puis se lançant dans les régions de la haute politique, il multipliait au nouveau maître ses généreux conseils, se proposant presque pour sauver avec lui la France.

Il fut étonné lorsque, à l'audience qui lui fut accordée, Bonaparte l'accueillit avec ce froncement de sourcils qui avait le don de glacer l'interlocuteur. N'ayant pu exercer sur lui les effets de son éloquence verbale, il fit donc de nouveau appel, pour plaider sa thèse, au style épistolaire, mélangeant à sa dialectique verbeuse les compliments les moins ménagés :

« Vous avez un défaut, général, lui disait-il : celui de ne pas calculer combien vous devez nécessairement imposer à quiconque n'est pas un impudent ni un sot... Il est deux êtres privilégiés devant lesquels je n'ai jamais su conserver ni sang-froid, ni courage : une jolie femme et un grand homme. »

Ainsi Rouget de Lisle terminait la lettre qu'il écrivit à Bonaparte le 17 nivôse (8 janvier 1800).

Mais déjà son grand homme l'avait jugé, et il ne faisait plus fonds sur lui. Tout au plus condescendait-il à lui confier la seule besogne dont il avait prouvé qu'il fût capable. Instaurant un nouveau régime, Bonaparte aurait eu volontiers un chant national à lui : il le demanda à l'auteur de *la Marseillaise*. Celui-ci composa pour lui *le Chant des combats,* qui fut, par ordre supérieur, exécuté au théâtre de la République et des Arts (l'Opéra) le 13 nivôse an VIII. L'audition fut donnée dans de mauvaises conditions, et l'œuvre nouvelle passa inaperçue. Il était écrit que l'auteur de l'hymne national de 1792 ne saurait pas trouver le chant de brumaire.

Cependant, avec Rouget de Lisle, on a toujours des surprises. Ayant eu cette dernière occasion de pénétrer dans les coulisses de l'Opéra, il lui vint à l'idée de demander à en être nommé directeur : offre essentiellement désintéressée, car il posait pour condition qu'il n'en accepterait l'emploi que pour l'honneur et à la condition qu'il ne lui passerait jamais un denier par les mains!

N'aboutissant à rien, il revenait sans cesse à la charge. Il aurait bien voulu rentrer dans l'armée, et suppliait Bonaparte de le reprendre. Il lui écrivait, le 29 brumaire an IX, à la fin d'une longue lettre :

« Général, pourquoi ne m'emmèneriez-vous pas avec vous? Je ne crains pas plus les balles qu'un autre; les occasions ne vous manqueront pas de tirer de moi quelque parti. Emmenez-moi comme officier du génie, comme officier d'état-major, comme simple grenadier, — *pourquoi pas comme votre barde?...* »

Par la protection de Joséphine, il fut chargé d'une mission diplomatique, toute d'apparat, dont l'accomplissement le remplit d'orgueil : il eut à représenter le premier Consul auprès du roi d'Espagne à qui il offrit des présents au nom de la République. Au retour, une entreprise de fourniture de vivres à l'armée lui fut concédée. Mais ce nouvel emploi de son activité trop multiple devait lui être fatal : naïf à son ordinaire, il se laissa tromper par de ces hommes comme on en trouve toujours mêlés à ces sortes d'affaires. L'on dit même que Joséphine ne craignit pas d'abuser de sa confiance et de sa crédulité; et quand il s'aperçut qu'on s'était joué de lui, il était trop tard. Il reprit la plume pour écrire ses longues lettres pleines d'explications embrouillées, se laissa entraîner à hausser le ton et finit par écrire à Bonaparte dans le même style arrogant et déclamatoire dont il avait usé avec Carnot.

Cette fois, c'en était trop : il fut définitivement abandonné.

Et, quand la nation fut appelée à décider si Napoléon Bonaparte serait définitivement son chef et que trois millions et demi de citoyens se prononcèrent pour le consulat à vie contre huit mille opposants, Rouget de Lisle fut des huit mille. Par un vote public, il se déclara contraire à la proposition, « par les mêmes motifs et les mêmes pressentiments, écrivit-il, qui l'avaient fait voter contre le 10 août et contre les mesures auxquelles il servait de prétexte ».

L'auteur du chant national de 1792 ne devait donc pas servir l'Empire.

Mais il n'allait plus cesser de végéter misérablement.

III

Trente-six ans! C'est le temps que, depuis son entrée dans le dix-neuvième siècle, Rouget de Lisle doit rester encore sur terre! Or, il est désormais à bout d'efforts, abattu, demandant merci!

Son opposition est brisée.

Mais, en somme, mérite-t-il d'être considéré véritablement comme un homme d'opposition? Il est vrai que, depuis qu'il s'est mêlé à la vie publique, nous l'avons vu être en désaccord presque constant avec les hommes au pouvoir et leur dire leur fait avec prolixité. Mais ce n'est jamais qu'en paroles qu'il a manifesté ses opinions. Or, le véritable homme d'opposition ne s'en tient pas aux paroles : il agit, et Rouget de Lisle, qui a chanté, si bien, qui a parlé, si médiocrement, n'a jamais agi. C'est à lui-même, à lui seul qu'il a fait tort avec ce qu'il appelait sa « grosse et imperturbable franchise », qualité qui, de son propre aveu, « a rendu les amateurs de ses entretiens extrêmement rares! »

C'est qu'en effet il n'y avait pas grand profit à l'écouter. Sa politique ne dépassait guère le niveau de celle qui se discute dans les cafés de sous-préfectures. Il a voté contre Napoléon : mais cette voix qu'il refusait en 1804, ne l'aurait-il pas donnée un peu plus tôt, quand il se mettait sous la protection du grand homme pour en obtenir un emploi ? L'opposition de Rouget de Lisle n'est donc que celle d'un mécontent, hostile au régime pour raison personnelle. Elle ne saurait être assimilée à celle des combattants des premiers jours de la Révolution, qui aimèrent mieux renoncer à tout espoir que servir un usurpateur.

Il y a cependant dans sa physionomie un trait qui le distingue fortement du commun. Rouget de Lisle était un grand désintéressé. Il l'a bien fait voir par la manière dont il se comportait à l'égard des puissants, devant qui rien ne pouvait le faire plier. Il s'est sacrifié plutôt que de renoncer à ce qu'il considérait comme son bien le plus précieux : la liberté d'exprimer sa pensée. Il était une façon de Don Quichotte, grand redresseur de torts, facilement enclin à se croire persécuté et compromettant sa propre cause à batailler à tort et à travers. Mais Don Quichotte est un type admirable, et si Rouget de Lisle a participé à ses erreurs, il en eut aussi les vertus. Il a toujours porté haut le sentiment de l'honneur, — et s'il fallait baisser le ton pour le mettre en accord avec la situation de l'auteur du chant héroïque tombé au rang d'un bourgeois aux affaires embarrassées, nous dirions au moins qu'il n'a jamais cessé d'être un honnête homme.

C'est à végéter, en restant tel, que nous allons le voir occupé exclusivement désormais.

Résumons le plus brièvement possible les événements de cette seconde moitié de son existence. Au commencement, il est à Paris, retiré du monde, vivant comme un sauvage, habitant de modestes logements dont il change souvent, pour des raisons trop faciles à deviner. Il est surveillé par la police, qui ne trouve rien à reprocher à « cet individu ». Il se débat au milieu d'embarras d'argent causés par son inexpérience des affaires, et qui vont s'aggravant d'année en année.

La situation même de sa famille était devenue inquiétante. Son père était mort depuis longtemps ; mais sa mère et sa sœur vivaient encore à Lons-le-Saulnier, et elles ne semblent pas s'être trop bien entendues à l'administration des biens de la communauté. Rouget de Lisle entretenait avec elles une correspondance assidue, où domine le ton d'une désespérance toute romantique : « Je suis une lampe qui va s'éteindre faute d'huile... — Il y a quelques jours je t'avais écrit dans l'accès d'une mélancolie si profonde et si noire... — Toujours ballotté d'espérance en espérance... — Je suis dans des transes perpétuelles; le moindre bruit me fait frémir, je crois qu'il m'apporte la nouvelle de notre désastre... — J'ai songé à me mettre en route pour aller demander la place de jardinier à Montaigu... »

Il se tourne du côté de son pays comme vers son seul refuge. Sa sœur revêche était morte en 1812 et leur mère l'avait suivie presque aussitôt; ses frères (l'un était général, l'autre commissaire de la marine) étaient aux armées. Il vint, seul, occuper la maison villageoise de Montaigu, dernier débris subsistant de la fortune familiale.

Il y resta cinq ans, vivant la vie du gentilhomme de campagne ruiné. Les jours de marché, il descendait à la ville. Toujours assoiffé de popularité, il se mêlait volontiers aux foules, pérorait au milieu des paysans, recevant les réclamations des mécontents et empressé à les soutenir. Ne pouvant plus s'adresser à Carnot ni à Bonaparte, il écrivait maintenant au préfet du Jura.

Il était là quand s'accomplirent les événements de 1814 et 1815. Un des habitués du Café Bourbon, où se réunissaient les partisans de l'opposition anti-bonapartiste à Lons-le-Saulnier, il fut sans doute témoin, sinon acteur, des scènes de désordre qui s'y produisirent au retour de l'île d'Elbe, quand les cuirassiers de Ney, sabre au clair, envahirent la salle et dispersèrent violemment les consommateurs. Il avait écrit l'année précédente une épigramme en dix vers où il était dit que Néron, Satan et le tigre avaient trouvé leur maître, « et quel? — Napoléon! » et cette œuvre avait dû lui valoir l'estime des hobereaux qui voulaient bien condescendre à oublier un instant que Rouget de Lisle fût l'auteur de *la Marseillaise*.

Après ces vaines agitations, il remontait dans la maison vide et y restait solitaire, inactif, s'efforçant de mettre de l'ordre dans des affaires de plus en plus obérées, tuant le temps à composer des romances et à faire de la musique.

MAISON DE LA FAMILLE VOIART, A CHOISY-LE-ROI, OU ROUGET DE LISLE EST MORT EN 1836.

Les soirs d'été, il allait s'installer sur le large balcon qui domine la vallée. Là, dans le calme de la nuit, il jouait du violon, des heures entières : les habitants de Montaigu — quelques-uns

Manuscrit musical de Rouget de Lisle.
(Bibliothèque de Lons-le-Saulnier).

s'en souvenaient encore il y a peu d'années — venaient l'écouter sur le chemin qui dévale en pente rapide au-dessous de la maison, au milieu des noyers. Un de ses meilleurs morceaux de chant porte le nom de *Montaigu,* élégie ; sa mélodie, qui semble imprégnée du génie contemplatif de Méhul, a un charme tout personnel, une expression intime et douce.

Mais Montaigu, qui déjà s'en allait en miettes, n'appartenait pas en propre à Joseph Rouget de Lisle. En 1817, ses frères (avec qui il ne semble pas s'être trop bien accordé) revendiquèrent leurs droits et firent vendre le domaine : celui-ci sortit de la famille, et l'aîné fut mis hors, désormais sans asile comme sans ressources, chassé de son pays natal.

Et ce fut, pendant treize ans, la misère complète. Rouget de Lisle revint à Paris. Il s'en fut loger dans un mauvais garni du quartier latin, essayant de gagner sa vie à d'infimes besognes de plume, et fut bientôt à proprement parler réduit à la charité publique. La plupart des gens l'écartaient d'eux, à cause des souvenirs révolutionnaires qui s'attachaient à son nom. Il avait soixante-six ans lorsqu'un créancier trouva digne des beautés du régime de le faire enfermer à Sainte-Pélagie pour une échéance impayée.

Par contre, d'autres s'approchèrent, qui entourèrent le vieillard de leurs respects et de leurs soins. D'abord de jeunes compatriotes : Charles Nodier, F. Tercy, Gindre de Mancy (un des premiers et des plus sûrs biographes de Rouget); d'autres, connus plus anciennement et fidèles aux communs souvenirs : le général Blein, son ancien camarade à l'armée de Belgique; l'abbé Grégoire, doyen des parlementaires de la Révolution; David d'Angers, illustre fils d'un père illustre, qui a voulu que quelque chose de Rouget de Lisle nous restât par lui. Lisons le récit des souvenirs qu'a laissés à l'artiste l'exécution du médaillon par lequel il a fixé pour la postérité les traits de l'auteur de *la Marseillaise* :

En 1827, M. Grégoire, ancien évêque de Blois, me chargea de remettre à l'auteur de *la Marseillaise* une somme produite, disait-il, par la vente de sa musique; la musique était dans l'armoire, et Grégoire donnait l'argent. Ce fut avec un véritable bonheur que je saisis l'occasion de voir cet homme illustre dont ma mère m'avait appris le chant patriotique. Je me présentai, tout ému, 23, rue du Battoir; au premier étage d'un petit escalier sombre, une vieille femme m'ouvrit la porte et m'introduisit dans l'unique chambre où gisait Rouget de Lisle. Je m'approchai avec émotion du pauvre malade, et, malgré tout mon enthousiasme, je ne pus réprimer un mouvement intérieur, en voyant mon idéal enfoui sous un bonnet de laine. Il était impossible de retrouver, dans cet amas de guenilles et d'infirmités, l'auteur de l'hymne qui réveillera éternellement la liberté dans le cœur des peuples. Je lui dis que je voulais faire son portrait. Il refusa obstinément; mais je revins le lendemain avec de la terre; je m'établis dans sa mansarde, et il comprit qu'il n'y avait plus à reculer. On l'enveloppa de couvertures, et le pauvre rhumatisant se tint à peu près droit sur sa chaise. Pour le tirer de son engourdissement, je lui demandai l'histoire de *la Marseillaise*...

Lorsque mon travail en marbre fut terminé, je l'offris à M. Laffite, qui m'engagea à le mettre en loterie sur quatre-vingts billets à vingt francs. La souscription fut bientôt couverte... L'argent fut remis à Rouget de Lisle [1].

Béranger, dont la renommée de chansonnier national commençait à se propager, fut le plus actif à s'entremettre en faveur de son glorieux et infortuné précurseur. Son intervention, discrète et généreuse à la fois, contribua plus d'une fois à le sauver. Rouget de Lisle devint son ami. Il mit en musique les vers de plusieurs de ses chansons : *les Enfants de la France, la Sainte Alliance des peuples, Plus de politique, Charles VII, Ma République, L'Auberge de Bagnolet, la Petite Fée, Si j'étais petit oiseau.*

Car c'était encore à composer qu'il employait le meilleur de son activité, et il continuait à produire à toute occasion des chants inspirés par l'actualité.

C'est ainsi qu'en 1812, pendant la campagne de Russie, il écrivait un *Hymne à la paix*.

Deux ans plus tard, au retour des Bourbons, se souvenant de ses anciennes attaches, il composa deux chants royalistes : *Dieu conserve le roi* et un *Chant du Jura* (fait à Montaigu) qui commence ainsi :

Vive le roi!
Noble cri de la vieille France...

Il compléta ce cycle de chants royalistes par *Henri IV, chant héroïque,* pour le rétablissement de la statue du Béarnais sur le Pont Neuf.

1. Le médaillon de David d'Angers a été reproduit par la gravure, par les soins de l'auteur. La Bibliothèque du Conservatoire possède un exemplaire de cette reproduction accompagné d'une dédicace autographe : ce document a été utilisé pour servir de frontispice à ce livre.

Ces palinodies successives lui furent justement reprochées. Elles n'attirèrent d'ailleurs pas une parcelle de la faveur royale sur l'auteur du chant national de 1792.

Au reste, l'amour de la patrie restait la source pure vers laquelle il remontait toujours. C'est ainsi qu'en 1818 un discours du maréchal Gouvion-Saint-Cyr lui inspira un noble chant, *les Vétérans*. Un autre, *Mon dernier vœu* (1820), commence par un vers par lequel s'exprime le sentiment qui reste essentiel et permanent chez lui :

Triomphe, chère France, et prospère toujours!

Il eut, vers ce temps-là, une initiative intéressante. En relations avec les Saint-Simoniens, il suggéra l'idée de faire entrer la musique comme moyen d'action dans leur plan de rénovation sociale. Un de ses compatriotes, Ternaux, chef d'une importante manufacture, groupa ses ouvriers en une société chorale pour laquelle Rouget de Lisle composa le *Chant des industriels*. L'essai parut heureux. L'institution naissante de l'Orphéon, pour laquelle Wilhem commençait son apostolat, y trouva l'occasion d'une épreuve favorable. Il importe de faire état de la part qui revient à Rouget de Lisle dans l'organisation de cette œuvre d'art populaire.

Enfin, il composa un grand nombre de romances, en dehors des préoccupations politiques ou sociales, sur des paroles empruntées aux écrivains contemporains, — Chateaubriand, Casimir Delavigne, Charles Nodier, — aussi bien qu'aux anciens poètes français, — Marot, Voltaire, et des souverains poètes, ou prétendus tels : Henri IV, Marie Stuart, Thibaut de Champagne, Marguerite de Valois. Il cultiva surtout la « romance troubadour ». Les personnages favoris de son répertoire sont des *Olivier,* des *Eginhardt,* des *Enguerrand de Crécy,* des *Raoul de Coucy,* des *Duguesclin*. Que de créneaux, de jouvencelles, de panaches, de ménestrels, de tournois ou de destriers!...

Ayant rassemblé ces pages diverses et les ayant réunies à celles de sa jeunesse, il voulut donner une édition définitive de son œuvre. Il publia, sous son nom et à ses frais, un recueil de *Cinquante chants français,* pour voix avec accompagnement de piano, le document le plus important que nous possédions pour apprécier l'ensemble de sa production musicale. Grâce à l'entremise de ses amis, cette édition, parue en 1825, s'épuisa en quelques années; une seconde, réduite à *Quarante-huit chants,* fut publiée vers 1830, par l'éditeur Schlesinger. Les exemplaires de l'une et de l'autre sont aujourd'hui assez rares.

Hector Berlioz vers 1830.

Enfin, il revint pour la dernière fois à ce qui avait été la première manifestation de son activité littéraire en écrivant deux poèmes d'opéra, l'un et l'autre inspirés par Shakespeare : *Macbeth* et *Othello*. Le premier fut mis en musique par un compositeur estimable, Chélard, dont la musique froide a motivé le froid accueil reçu par l'œuvre lorsqu'elle fut représentée à l'Opéra de Paris (29 juin 1827). *Othello* eut moins de chance encore : le manuscrit en est resté inutilisé. Pourtant, Rouget de Lisle eut un jour une idée qui doit lui être comptée comme un pressentiment génial : il a offert ce poeme au jeune Berlioz, digne entre tous de réaliser par son art la conception shakespearienne, et qui n'était encore qu'un débutant ignoré. Mais Berlioz, prix de Rome de 1830, devant partir pour l'Italie au lendemain du jour où Rouget de Lisle lui fit sa proposition, il ne fut pas donné suite à ce projet. C'est dommage : il serait peut-être sorti un chef-d'œuvre de la collaboration puissante du jeune romantique de 1830 avec le chantre vieilli de 1792, tous deux s'étant placés sous l'égide de Shakespeare.

IV

L'année 1830, en effet, était venue : avec elle l'esprit de la Révolution s'était réveillé.

Et lorsqu'un lourd soleil chauffait les grandes dalles
Des ponts et de nos quais déserts,
Que les cloches hurlaient, que la grêle des balles
Sifflait et pleuvait par les airs,
Que, dans Paris entier, comme la mer qui monte,
Le peuple soulevé grondait,
Et qu'au lugubre accent des lourds canons de fonte
La Marseillaise répondait...

Je copie ces vers d'Auguste Barbier dans les *Mémoires* de ce même Berlioz, qui donnait dans le même temps à Rouget de Lisle la plus grande preuve d'admiration dont il fut capable en revêtant le chant illustre de sa splendide instrumentation, inscrivant à la partition, devant la partie vocale, ces mots au travers desquels on sent vibrer son enthousiasme : « Tout ce qui a une voix, un cœur et du sang dans les veines ! »

La Marseillaise ressuscitait ! Dans les théâtres, les plus grands artistes la chantaient, comme aux beaux jours de quatre-vingt-douze, et le peuple n'avait pas été long à la rapprendre.

Faisons encore appel aux souvenirs de Berlioz : il nous a raconté ses impressions du lendemain des « Trois glorieuses » quand, dans les galeries fermées du Palais-Royal, plusieurs milliers de citoyens, tout vibrants de l'émotion du combat, entonnèrent soudain, d'une seule voix, le refrain : *Aux armes, citoyens!* avec une énergie si puissante qu'il en fut lui-même épouvanté !

Un soir, à l'Opéra, Nourrit ayant chanté *la Marseillaise* au milieu de l'enthousiasme général, une quête s'organisa spontanément au profit de l'auteur, dont on connaissait la misère.

Celui-ci versa la somme reçue dans la caisse des blessés des trois journées.

Il pouvait faire le généreux, en effet; il n'était plus pauvre. Dès le 5 août, le duc d'Orléans, sans même attendre d'être proclamé roi, lui accorda une pension de 1.500 francs, lui rappelant en même temps, dans une lettre gracieuse, qu'ils avaient été compagnons d'armes. Deux autres pensions, de mille francs chacune, furent ajoutées à cette première largesse. Il reçut enfin la croix de la Légion d'honneur.

Rouget de Lisle était redevenu l'auteur de *la Marseillaise!*

Il vécut six années encore dans cette situation tranquillisée. Depuis quelque temps, il était allé habiter à Choisy-le-Roi, où son ami le général Blein lui avait offert l'hospitalité dans sa maison familiale. C'est de là qu'en juillet, lorsqu'il apprit qu'on se battait dans Paris, il était parti à pied pour aller aux barricades : ses forces d'ailleurs l'avaient trahi et il n'avait pu aller jusqu'au bout. Un peu plus tard, il trouva une hospitalité non moins dévouée dans la famille Voiart, qui habitait une agréable maison bourgeoise dans la partie haute de Choisy, à une centaine de mètres de l'entrée de Thiais, près d'une large avenue tracée sous Louis XIV, dans une petite rue retirée qui, à l'époque, s'appelait rue des Vertus et a pris depuis le nom de Rouget de Lisle. Il finit sa vie dans cette maison confortable et tranquille, entourée de jardins de tous côtés, avec de l'air, du soleil, du calme. Par les beaux jours, il se promenait dans la grande avenue, ou bien sur le haut du plateau, contemplant la vallée de la Seine verdoyante et paisible, portant ses regards, tantôt sur les coteaux boisés et garnis de jolis villages dont les églises aux flèches pointues ou aux vieilles tours de pierre grise émergent du milieu des arbres verts, tantôt sur les champs qui s'étendent en ligne plane à perte de vue, coupés de routes droites, avec de longues rangées d'arbres se suivant deux à deux, des meules aux tons d'or pâle se dressant hautes comme des maisons, et de grosses fermes encloses de murs, massives, lourdes, noires, ressemblant presque à des châteaux : paysage de l'Ile-de-France qui ne ressemble guère à ceux que Rouget contemplait autrefois en Franche-Comté, du haut de son balcon de Montaigu, mais qui n'en a pas moins son charme. On le rencontrait là, vêtu d'une longue redingote d'officier, la tête couverte d'un chapeau à larges bords, la face rasée, d'aspect bien calme et inoffensif sous un habillement qui cependant évoquait le souvenir des gloires militaires passées.

Tombe de Rouget de Lisle à Choisy-le-Roi (1836).

Le soir, on se réunissait au salon de Mme Voiart. La compagnie était agréable et nullement banale. Mme Élise Voiart était une femme de lettres, auteur de romans et de contes moraux qui eurent leur heure de vogue; son mari employait ses loisirs à faire de la peinture; leur fille était élève du graveur Poret. Mme Amable Tastu était intime dans la maison, ainsi que le général Blein, qui, lui aussi, cultivait la musique mieux qu'en vulgaire amateur (il a laissé un livre de *Principes de mélodie et d'Harmonie déduits à la théorie des vibrations,* qui eut deux éditions). Dans ce milieu intelligent et sympathique, on causait, on faisait de la musique, on évoquait les vieux souvenirs.

Les visiteurs se présentaient en nombre. Quelques-uns venaient solliciter la protection de Rouget de Lisle, comme s'il fût devenu un grand de la terre! La plupart étaient attirés par la simple curiosité de voir l'auteur de *la Marseillaise :* ils lui demandaient le récit de la naissance de son chant, qu'il racontait sans se faire prier (plusieurs des relations qui nous en sont connues ne sont que des transcriptions de ces sortes d'*interviews*). Quand le visiteur était de marque, il écrivait pour lui, de sa main, les six strophes. Plusieurs de ces autographes sont aujourd'hui conservés dans les collections, comme de précieuses reliques.

Pierre tombale de Rouget de Lisle à Choisy-le-Roi.

Malgré son âge avancé, Rouget de Lisle ne demeura pas complètement inactif pendant son séjour à Choisy-le-Roi. C'est en 1834 qu'il fit paraître, dans les *Mémoires pour tous,* ses souvenirs de Quiberon. Une nouvelle en prose, *Rosa mourante,* paraît avoir été écrite à la même époque. Composer de la musique était son occupation favorite. Il a laissé en manuscrit des romances en nombre bien plus considérable que n'en contient son recueil de *Cinquante chants français;* il en avait confié la conservation à Mme Voiart, et celle-ci, à son tour, en a offert la collection à sa ville natale : c'est à la bibliothèque de Lons-le-Saulnier qu'appartient maintenant cet important document, seul manuscrit musical de Rouget de Lisle qui nous soit connu, résumé de son travail pendant toute la dernière partie de sa vie.

A la fin de 1835, aux premiers froids, il fut atteint d'un catarrhe pulmonaire qui l'obligea à s'aliter. Il se traîna jusqu'au printemps, reprit quelques forces en avril, put faire quelques pas au jardin, revoir le soleil. Mais, l'été revenu, l'âge et le mal furent plus forts : après une longue journée et deux nuits d'agonie, durant lesquelles le vieux combattant lutta contre la mort, il rendit le dernier soupir, le 26 juin 1836, à minuit. Il était entré depuis six semaines dans la soixante-dix-septième année de son âge.

Il fut enterré au cimetière de Choisy-le-Roi. Devant la fosse ouverte, des ouvriers entonnèrent lentement, gravement, le chant de *la Marseillaise*. L'on assure que rarement il produisit une émotion aussi intense. C'était l'âme de Rouget de Lisle qui s'exhalait. On vit bien qu'elle était immortelle.

Une pauvre croix de bois fut d'abord plantée sur la tombe. Puis des amis fidèles, — parmi lesquels l'exécuteur testamentaire de Béranger, l'éditeur Perrotin, — craignant que les restes mortels d'un tel homme fussent abandonnés et jetés à la fosse commune, achetèrent une concession à perpétuité où fut déposée la dépouille. Une simple pierre tombale en indiqua la place. L'épitaphe qui y fut inscrite a, dans sa sobriété, plus d'éloquence que bien des paroles par lesquelles on a célébré de brillantes destinées :

ICI REPOSE
CLAUDE-JOSEPH
ROUGET DE LISLE
NÉ A LONS-LE-SAULNIER EN 1760
MORT A CHOISY-LE-ROI EN 1836.
QUAND LA RÉVOLUTION FRANÇAISE
EN 1792
EUT A COMBATTRE LES ROIS,
IL LUI DONNA POUR VAINCRE
LE CHANT DE « LA MARSEILLAISE ».

CHAPITRE VI

LA MARSEILLAISE APRÈS ROUGET DE LISLE.

I

Rouget de Lisle était mort; mais *la Marseillaise* vivait.

Il fut la bonne terre dans laquelle a germé la fleur merveilleuse. Peu importe si de mauvaises herbes sont sorties du même sol et s'il a fini lui-même par rester à l'abandon : la plante immortelle se dresse, splendide, vivace, robuste, à jamais épanouie, et c'est cela seul qui compte.

L'histoire que nous avons entreprise, n'est donc pas terminée avec la biographie de l'auteur. Rouget de Lisle survit par ce qu'il y eut de meilleur en lui. Nul homme n'a jamais été mieux en droit de dire : *Non omnis moriar*.

La Marseillaise ne doit pas être considérée, en effet, comme une œuvre d'art pure et simple, produite par l'effort et le génie d'un seul homme et ne devant rien qu'à sa volonté. Il faut y voir une entité réelle, vivant d'une vie propre, active, sensible, prompte à subir les influences du dehors, capable d'intervenir dans la vie des nations et jouant son rôle parmi le peuple, comme ferait un citoyen, un soldat, un orateur, un homme d'État, un chef d'armée.

Dès le début de son existence, *la Marseillaise* s'est présentée sous deux faces distinctes et contraires, et elle a vécu d'une double vie. Elle fut toujours un chant redoutable, redoutable à tous ses ennemis. Quand ceux-ci étaient les ennemis du dehors, sa beauté rayonnait, resplendissante et joyeuse. Mais lorsqu'elle fut mêlée aux guerres civiles, elle en subit l'horrible reflet. Et malheureusement c'est sous ce dernier aspect qu'on s'est plu trop longtemps à la contempler. Le rôle admirable qu'elle a joué aux armées pendant les guerres de la première République, fut trop lointain pour que le peuple ait pu immédiatement en distinguer l'importance et la beauté, tandis que les excès révolutionnaires auxquels elle s'est trouvée associée, avaient été commis sous les yeux de tous : son souvenir est resté longtemps mêlé à cette amertume; nous n'avons que trop aperçu déjà quelle influence fatale Rouget de Lisle en a subie dans son existence même, lui qui, pendant quarante ans, vécut misérable, voyant le monde se détourner de lui comme de l'auteur d'un chant proscrit.

Un rayon de soleil, nous l'avons vu, a réchauffé ses derniers jours : à la faveur du réveil populaire de 1830, l'auteur de *la Marseillaise* a pu entrevoir l'avenir lointain qui lui était réservé. Encore est-il heureux qu'il soit mort assez tôt pour avoir pu conserver son espérance, car l'influence funeste qui l'avait si longtemps poursuivi, n'allait pas tarder à rejeter de nouveau dans l'ombre son chant jailli de la lumière. Après le rôle joué par lui aux journées de Juillet, quand le nouveau roi était monté sur le trône à ses accents et que, dans un premier élan, il avait gratifié Rouget de Lisle d'un généreux souvenir, l'on eût pu espérer que *la Marseillaise* deviendrait le chant du règne de Louis-Philippe. Il n'en fut rien. Le temps n'était pas encore venu d'associer officiellement à la vie de la nation l'hymne de 1792. Les conseillers du régime préférèrent qu'il en fût fait un pâle décalque : à quoi Casimir Delavigne réussit au mieux quand, sur l'air vulgaire d'une chanson faussement populaire, dont les premières notes sont semblables à celles par lesquelles commence le chant de Rouget de Lisle, mais qui tombe aussitôt dans la banalité clinquante, il écrivit les vers de *la Parisienne,* à qui l'on ne saurait dénier le mérite d'avoir su donner l'illusion d'une *Marseillaise* dégénérée : tel fut le chant national du nouveau règne.

Ce n'est même pas aux sons de l'hymne de la première République que fut faite la révolution de 1848, — encore que

Rouget de Lisle n'ait pas été complètement étranger, nous l'avons déjà signalé, à ce qui fut le refrain favori de cette époque.

Quelques semaines avant les journées de février, Alexandre Dumas avait fait représenter un drame, *le Chevalier de Maison-Rouge,* dont un tableau mettait en action le dernier banquet des Girondins. S'il eût voulu être historiquement exact, il leur aurait fait chanter *la Marseillaise.* Mais Dumas, par goût naturel, préférait à la vérité les équivalents et les à peu près; peut-être aussi pensa-t-il qu'après dix-huit ans de règne de Louis-Philippe le chant de la première révolution ne serait pas toléré sur la scène. Il préféra donc écrire des couplets de sa façon, auxquels il mit pour refrain ces deux vers :

> Mourir pour la patrie,
> C'est le sort le plus beau, le plus digne d'envie!

Or, ce refrain, nous le connaissons : c'est celui de la chanson de *Roland à Roncevaux* que Rouget de Lisle a composée à Strasbourg quelques jours après son *Chant de l'armée du Rhin.* Il était donc écrit qu'il y aurait quelque chose de lui dans la scène de l'adieu des Girondins, — et de même la révolution de 1848 ne devait pas s'accomplir sans qu'il y eût participé en quelque mesure : car c'est au *Chant des Girondins,* descendu du théâtre dans la rue et devenu promptement populaire, que s'élevèrent bientôt les barricades! Il est vrai que, cette fois-là, c'est comme poète exclusivement que Rouget de Lisle a entraîné les masses, car la musique de la nouvelle chanson n'était pas la sienne; le chef d'orchestre Varney avait composé pour la pièce un air nouveau, d'une vulgarité entraînante, bien fait, assurément, pour être chanté dans les rues, mais très éloigné de la noblesse et de la beauté classique du chant original.

Il est superflu de rappeler que, pendant toute la durée du second Empire, le chant de *la Marseillaise* fut proscrit plus sévèrement encore qu'il ne l'avait été sous le premier; et quant à la guerre de 1870, elle ne fut pas, hélas! de celles dont les batailles se livrèrent à de tels accents.

L'hymne de Rouget de Lisle resta déconsidéré plusieurs années encore à la suite de nos désastres. A une séance du Parlement où il en fut question et dont nous aurons bientôt à parler, l'on put entendre des interruptions telles que : « Nos pères ont été guillotinés à ce chant-là! — On refera la Commune avec ce chant-là! — Vous inviterez les souverains à venir à Paris entendre *la Marseillaise!...* » Dans les théâtres, des scandales éclataient aux pièces historiques où il devait jouer son rôle : certaine représentation de *Marceau ou les Enfants de la République,* à Nantes, en 1878, donna lieu à des manifestations tumultueuses, auxquelles furent mêlés des officiers, et dont le retentissement se répercuta par toute la France.

La Marseillaise — Janus bifrons — semblait donc ne devoir plus se montrer que par son mauvais côté.

Sa flamme paraissait éteinte.

Elle couvait, cependant, cette flamme, et l'on n'allait plus guère tarder à la voir resplendir de nouveau.

Mais, avant d'en venir à cette période ultime et définitive, il faut nous arrêter un instant encore sur un chapitre qui, s'il ne concerne pas expressément les rapports du chant de Rouget de Lisle avec la nation, n'est pas pour cela dénué d'intérêt. Ce chapitre appartient à l'histoire de la musique. Nous en condenserons très succinctement les données.

II

Au milieu des sentiments multiples qu'elle provoquait, *la Marseillaise* était apparue comme une chose si extraordinaire que des bruits très divers se répandirent sur tout ce qui la concernait. Beaucoup de gens se demandèrent naïvement s'il était possible qu'un si beau chant fût simplement sorti du cerveau d'un homme que rien, semblait-il, n'avait préparé à une telle conception, et qui n'a plus jamais rien retrouvé de comparable. La malveillance ne manqua pas de tirer parti de ces doutes, et les ennemis de *la Marseillaise* saisirent avec empressement l'occasion qu'ils leur offraient. N'était-ce pas coopérer à la déconsidération du chant révolutionnaire que de lui assigner une origine équivoque? Bref, ce fut, en un temps, un bruit public, que le chant de *la Marseillaise* n'était pas de la composition de Rouget de Lisle, et qu'il n'était qu'un vulgaire plagiat.

Les ennemis, avons-nous dit. En effet — et ce devait être — c'est d'Allemagne que sont venus les premiers soupçons. Des journalistes obscurs, — de Carlsruhe, de Leipzig, de Berlin, — avancèrent que le chant français avait été pillé dans une messe d'un prétendu *Kapellmeister,* aussi inconnu qu'eux-mêmes, et sur le nom duquel ils n'étaient pas toujours d'accord, les uns désignant Holtzmann, d'autres Reichardt. — D'ailleurs, aucun d'eux ne se préoccupa de produire la partition qui, seule, aurait pu fournir un argument plus ou moins favorable à la thèse.

D'autres, en France, s'attachèrent à faire croire que l'hymne républicain est d'origine religieuse et qu'il n'était que la transcription d'un cantique. On a désigné notamment pour auteur un certain Grisons.

La musicographie s'en mêla. Au fait, cela devait être. Les musicographes, gens essentiellement raisonnables, ne sont pas de ceux qui se laissent entraîner par le sentiment et l'enthousiasme : comment donc n'eussent-ils pas considéré avec méfiance le cas de Rouget de Lisle, qui donne à leurs méthodes critiques un démenti trop bien caractérisé? Il était fatal qu'ils dussent chercher à le nier. Ainsi, *la Marseillaise* allait tomber au rang d'une curiosité archéologique! Fétis, ayant trouvé une vieille édition dans laquelle l'*Hymne des Marseillais* est imprimé sous le nom de Navoigille, proclama que ce Navoigille était l'auteur, et l'autorité d'un tel maître ne contribua pas peu à propager l'opinion que la musique de *la Marseillaise* n'est pas de Rouget de Lisle.

Quelques autres attributions, fantaisistes et parfois facétieuses, furent encore lancées, sans qu'une seule mérite qu'il en soit rappelé aujourd'hui le souvenir.

Il n'entre pas dans mon dessein de discuter ici ces diverses prétentions : je l'ai fait, il y a près de vingt-cinq ans, dans un livre écrit pour le centenaire de la composition de *la Marseillaise* (1892) et dont la présente édition n'est que le résumé et la continuation. Il me paraît d'autant moins utile d'y revenir aujourd'hui que je n'ai pas remarqué, depuis cette publication, qu'aucune contestation ait été renouvelée à l'égard de la paternité du chant national. Qu'il me suffise de rappeler, d'abord que les preuves positives desquelles il ressort que Rouget de Lisle est le compositeur de la musique de *la Marseillaise,* sont aussi nombreuses que péremptoires, et, quant aux négations (dont aucune, il faut le relever, n'a été produite du vivant de Rouget de Lisle), que le cantique trouvé noté dans la partition manuscrite d'*Esther,* œuvre de l'ancien maître de chapelle de Saint-Omer Grisons, n'est que la transcription du chant national, introduit, postérieurement à 1792, dans un ouvrage écrit pour une fête républicaine; qu'enfin, si la moindre chose devait être retenue des allégations venues d'Allemagne, le cas serait encore le même, car le thème de *la Marseillaise* a été fréquemment intercalé dans des œuvres allemandes, profanes ou sacrées, — même par Schumann, même par Wagner. Pour Fétis, à la suite d'une polémique d'où il s'est retiré sans grand honneur, il a dû faire lui-même amende honorable et reconnaître que l'édition signée Navoigille, qui lui avait paru si décisive, était réellement sans valeur, et que plusieurs éditions antérieures, dont les plus anciennes émanent manifestement de Rouget de Lisle, établissent, sans aucune hésitation possible, la paternité de ce dernier.

III

La Marseillaise avait donc échappé aux embûches de ses divers ennemis. Enfermée encore dans des recoins obscurs, elle qui, il y avait quatre-vingts ans et plus, avait projeté à l'air libre son premier rayonnement, elle n'y devait pas rester étouffée : le feu qui dormait sous la cendre était prêt à jaillir de nouveau en une flamme éternellement resplendissante. L'heure était proche où cette flamme allait s'élancer sans plus rencontrer d'obstacles, et où *la Marseillaise,* chant de lumière, allait illuminer le monde.

C'est une destinée extraordinaire que celle de ces trente mesures d'une simple chanson qui, depuis cent vingt-quatre ans, a joué dans la vie des nations un rôle si considérable, et qui n'est sûrement pas achevé.

Un premier sujet d'étonnement est que ce chant soit l'œuvre, non d'un maître professionnellement instruit à composer les ouvrages de son art, mais, dans toute la force du terme, d'un amateur.

A vrai dire, ce serait dépasser le but que de considérer cette conception comme l'effet d'une sorte de miracle et de prétendre que *la Marseillaise* est tombée du ciel. *La Marseillaise* est chose parfaitement terrestre, et humaine, — et, par surcroît, française. Si, avant le 25 avril 1792, rien ne semblait avoir destiné Rouget de Lisle à produire une œuvre qui dût passer à la postérité, il n'en est pas moins vrai qu'il était parfaitement préparé, par sa culture autant que par sa nature d'esprit, à recevoir l'inspiration d'en haut qui tomba sur lui dans la nuit. Dès sa jeunesse il était exercé à tourner le vers et à composer d'agréables mélodies. Berlioz a dit : « Rouget de Lisle a fait bien d'autres beaux chants que *la Marseillaise.* » Retenons ce témoignage d'un grand maître : il nous éclairera sur l'aptitude du musicien de fortune à subir au jour voulu les influences du dehors qui l'élevèrent si fort au-dessus de lui-même.

Ce n'est pas par des qualités techniques, mais par des dons naturels, que se signalent ces divers chants, et, en particulier, le principal. *La Marseillaise,* considérée dans sa forme, n'est qu'une simple chanson, une chanson populaire; sa composition n'a pas demandé à celui qui l'a fixée, plus d'effort que n'en ont coûté à leurs auteurs anonymes les mélodies si simples et souvent si pénétrantes de nos antiques chansons traditionnelles.

Mais, dira-t-on, *la Marseillaise* n'est pas une chanson anonyme, et son auteur nous est parfaitement connu. Il est vrai.

Mais il faut remarquer aussi qu'elle appartient à une époque beaucoup plus récente que celle à laquelle remontent nos vieilles chansons, et que la fin du XVIIIe siècle avait des habitudes et des moyens d'information ignorés des siècles lointains et encore obscurs où naquirent *la Pernette, Jean Renaud,* voire *Vive Henri IV* ou *Quand Bourbon vit Marseille*. De même, la forme du couplet est plus développée, plus moderne, et c'est encore la même raison : vivant au XVIIIe siècle, et, qui plus est, dans un milieu de culture différente des milieux vraiment populaires d'où est issu le répertoire du folklore, Rouget de Lisle devait nécessairement adopter les manières d'être en usage autour de lui. Ce n'en sont pas moins les formes les plus simples qu'il a choisies. Et d'abord, ce qui distingue essentiellement un chant comme *la Marseillaise* d'une composition de maître et l'assimile aux chansons populaires, c'est que ce chant a été conçu dans un esprit exclusivement mélodique, sans aucune préoccupation, aucune arrière-pensée d'harmonie.

La Marseillaise est donc un produit total de la nature, sans rien de factice, rien d'enseigné.

Un Bourguignon célèbre, de près d'un siècle antérieur à son voisin le Franc-comtois Rouget de Lisle, Rameau, a défini ingénieusement la nature du musicien tel que devait être l'auteur du chant national, « celui qui se pique moins de science que de goût », et qu'il oppose au musicien savant.

« Celui dont le goût n'est formé que par des comparaisons à la portée de ses sensations, ne peut tout au plus exceller que dans certains genres, je veux dire dans les genres relatifs à son tempérament. Sortez-le des caractères qui lui sont naturels, vous ne le reconnaîtrez plus. D'ailleurs, comme il tire tout de son imagination, sans aucun secours de l'art, il s'use à la fin. Dans son premier feu, il était tout brillant; mais ce feu se consume à mesure qu'il veut le rallumer, et l'on ne trouve plus chez lui que des redites et des platitudes. »

Voilà, en quatre phrases, tout Rouget de Lisle expliqué.

Il est bien vrai qu'en effet l'ensemble de son œuvre est plein de redites, même — laissons le mot puisque Rameau l'a écrit — de platitudes. Mais « dans son premier feu il était tout brillant ». Certes!

Quant à ce feu même, l'auteur a été plutôt le foyer d'où il a jailli qu'il n'en fut l'aliment. Tous ceux qui ont vraiment compris l'esprit de la France de 1792, les Michelet, les Edgar Quinet, les Louis Blanc, ont été unanimes à constater le phénomène de suggestion par l'effet duquel fut créée *la Marseillaise*. « Un chant sortit de toutes les bouches; on eût pu croire que la nation entière l'avait composé », dit Quinet. « L'âme de la France va s'incarner dans une chanson », a répété récemment M. Jean Richepin; et, parmi une grande abondance d'images, il poursuit : « C'est l'âme inconsciente de toute la race qui est en nous et qui à certains moments sort de nous... Tout le peuple, toute la nation a une âme collective : c'est cette âme qui se met à fleurir... — Ce n'est pas lui en particulier, Rouget de Lisle, qui devait inventer : c'est le cri de la race qui l'a pris pour porte-voix. »

L'histoire de la naissance de *la Marseillaise* telle que nous l'avons racontée, apporte à ces beaux élans lyriques la confirmation de l'observation positive et les montre entièrement d'accord avec la réalité. Nous avons dit comment cette voix de la patrie dont tout le monde a reconnu le son dans l'œuvre de Rouget de Lisle, avait retenti pendant tout le jour dans la ville et comment lui-même n'eut plus qu'à en condenser les accents en quelques strophes et en une mélodie. Nous avons perçu dans ses vers l'écho des discours qui s'étaient tenus en sa présence. L'analyse même de la mélodie pourra nous offrir de pareilles observations.

Un contemporain a fait cette réflexion judicieuse : « Si le chant n'est pas neuf, s'il paraît être fait de plusieurs phrases musicales connues... » En effet : le chant de *la Marseillaise,* malgré son entière originalité, a par lui-même un aspect familier de chose déjà vue. Il en est de lui comme de certains chefs-d'œuvre des maîtres, si parfaits et d'une beauté si naturelle qu'on les entend pour la première fois sans surprise, comme s'ils avaient dû exister toujours, comme s'il était impossible qu'ils n'existassent pas.

Le nombre des formules courantes qu'il contient, est cependant des plus restreints. La seule qui mérite d'être relevée, est celle que donne la mesure initiale, dont le rythme fortement marqué suit la progression ascendante des notes naturelles du tube sonore : *sol do ré mi*. Formule fréquente dans la musique du XVIIIe siècle; nous en avons relevé la présence, comme point de départ initial, dans des œuvres des plus diverses : des romances françaises et ariettes d'opéras-comiques, une chanson populaire italienne, une autre chanson répandue en Alsace (celle-là même sur laquelle ont été adaptées en 1830 les paroles de *la Parisienne*), un hymne national de Gossec, une célèbre chanson de *la Flûte enchantée*, et jusqu'à des compositions instrumentales des maîtres classiques. Voici par exemple comment se présente au début le thème d'un concerto pour piano de Mozart (le 25e, en *ut*) :

C'est là le point de départ du chant de *la Marseillaise* jusqu'à la dernière syllabe du premier vers. Oui : mais, dès cette dernière syllabe, sur le mot qui résume le sentiment essentiel : « Patrie », le chant de l'hymne rompt tout lien. Il s'élève, il jaillit en un élan de lyrisme inconnu à tous ceux qui avaient précédemment fait emploi de la même formule :

Cette montée vers la note aiguë, c'est le *sursum corda* de l'âme vibrante du peuple ! Et, une fois ce point de départ établi, la mélodie poursuit son cours librement et sans plus rien devoir qu'à l'inspiration spontanée.

Le troisième et le quatrième vers nous offrent une observation curieuse. Les contemporains, familiers avec l'antiquité, n'avaient pas manqué d'appeler Rouget de Lisle le Tyrtée de la Révolution. Ils ne croyaient pas si bien dire, eux qui ne connaissaient guère du poète spartiate que le nom. Or, des observations plus récentes ont établi que, dans cette partie de *la Marseillaise,* Rouget de Lisle a retrouvé, sans s'en douter, la forme même des chants de guerre de Tyrtée.

Ce rythme, qui est celui de l'anapeste[1], est aussi le mètre des *Embatêria,* dont un unique fragment, mais caractéristique, a été retrouvé et nous a été expliqué naguère : mouvement de marche guerrière, employé jadis à cadencer le pas des hoplites, et qui ne convenait pas moins pour régler l'allure des soldats de la République marchant en avant.

Mieux encore. Ce même débris de la poésie de Tyrtée — six vers seulement — commence par ces mots :

Allons, enfants de Sparte!...

Ainsi, même par les paroles, Rouget de Lisle a suivi, sans le connaître, le modèle tracé par son précurseur :

Allons, enfants de la patrie!

Le point de départ est identique, à cette seule différence près que Tyrtée a désigné par son nom la Cité, — la Cité antique, qui était la patrie.

La mélodie française continue à se dérouler jusqu'à sa con-

1. Dans la mélodie traditionnelle, les figures rythmiques constituées par deux croches sont elles-mêmes subdivisées en une croche pointée et une double-croche : mais ce n'est là qu'un détail d'accentuation, nullement contradictoire avec le rythme fondamental, qui reste celui de l'anapeste.

clusion, abondante, libre, naturelle, sans aucun arrêt dans l'inspiration. Par sa forme même, elle est supérieure aux compositions savantes, qui ont presque toujours quelque chose de factice et d'apprêté, des développements symétriques, des périodes répétées, des redites. Rien de pareil dans *la Marseillaise :* d'un bout à l'autre, il n'est pas une seule formule qui s'y présente deux fois. Musique et paroles se pénètrent intimement. Il n'est pas d'exemple d'une déclamation mélodique qui puisse être préférée à celui que nous offre le premier couplet. La note jaillit du mot. Nous avons montré déjà quel enthousiasme déborde, dès le début, au mot dominant : « Patrie ». Puis, après les notes énergiquement scandées de la seconde période, le ton s'assombrit : le premier mot du vers « Mugir ces féroces soldats », chanté, soit comme l'a voulu Rouget de Lisle, soit sur la variante substituée, a un accent farouche et sinistre. Le vers suivant : « Ils viennent jusque dans nos bras », est d'une admirable expression désespérée. Et le refrain éclate, puissant, irrésistible : deux fois l'hémistiche musical se répète, et ceci n'est point une redite banale, mais l'affirmation d'une volonté réitérée. Au dernier vers, tel que Rouget de Lisle l'avait écrit, il y avait, sur le mot « impur », un mouvement descendant de septième que la tradition n'a pas adopté et dont l'expression était superbe : une indignation profonde éclatait à la chute de ce mot, par l'écart de l'intervalle qui descend tout à coup après que la voix est montée au degré le plus élevé. La conclusion est triomphale.

Je ne crois pas être aveuglé par l'amour-propre patriotique si je professe que *la Marseillaise* est le plus beau de tous les hymnes nationaux.

Certes, d'autres peuples ont des chants vraiment représentatifs de leur grandeur et dignes des pays qu'ils symbolisent harmonieusement.

Le *God save* des Anglais, le plus ancien des chants nationaux de l'Europe, est une prière noble et grave, digne du peuple loyal pour lequel ont été tracés ses accords.

L'Hymne russe, plus récent, a ajouté à des qualités analogues un accent particulier et singulièrement révélateur de l'âme slave.

Pour l'Hymne autrichien : *Gott, erhalte Franz den Kaiser,* œuvre d'un maître, Haydn, il a les plus heureuses qualités mélodiques et offre un modèle charmant de musique pure. Mais comment un chant aussi dénué d'élan peut-il être pris pour le chant de tout un peuple? Il n'a même pas l'accent de la prière. C'est une mélodie exquise et suave, non un hymne. Elle est bien mieux faite pour vibrer sous l'archet d'un violoniste et servir de thème à d'agréables variations, ainsi que l'a transcrite l'auteur même, que pour être chantée en masse, ou, pis encore, exécutée par des musiques militaires, à grand renfort de trompettes, de cymbales et de tambours.

Je ne dis rien de la Marche de Rakokzy, qui a dû à un Français, Berlioz, sa principale illustration, et que l'on désigne à tort sous le nom de « Marche hongroise » : d'une verve et d'une saveur mélodique foncièrement originales, avec son rythme martelé, haché, hardi, quelque peu sauvage, elle est sans aucune relation avec l'esprit de la noblesse hongroise non plus même qu'avec celui du peuple; elle reste un air de musique tzigane, représentatif du génie d'une race mêlée mais nullement assimilée à celle d'où sont sortis les maîtres du sol. Elle est d'ailleurs d'un accent admirable.

Enfin, je laisse de côté d'autres chants nationaux, fussent-ils ceux de peuples amis, dont la valeur d'art est vraiment par trop inférieure : compositions occasionnelles, dont le clinquant et la vulgarité ne sauraient être excusés par l'intention.

Bref, même en désignant les meilleurs, il ne semble pas qu'aucun de ces chants nationaux exprime la quintessence de l'âme des peuples aussi profondément que le fait l'hymne national français, ni qu'ils possèdent au même degré sa puissance d'extériorisation.

Il est, en tout cas, un empire qui ne saurait prétendre à comparer ses chants au nôtre, quoique la chanson populaire y soit plus cultivée qu'en aucune autre contrée du monde et qu'il soit la patrie des plus grands maîtres de l'art. C'est l'Allemagne. Nombreux y sont les recueils de chansons publiés par ordre supérieur, vulgarisés parmi le peuple, enseignés dans les écoles et les armées. Les chants de guerre en constituent la portion assurément la plus caractéristique. Mais ces chants ne respirent que la haine et l'orgueil. C'est la menaçante *Wacht am Rhin,* ou l'arrogant *Rheinlied,* « le Rhin allemand », auquel un grand poète français a jadis fièrement répondu. C'est le lied : *Was ist des Deutschen Vaterland,* « Quelle est la patrie de l'Allemand », dont les refrains promettent de reculer les bornes de l'empire germanique vers des limites que ni le droit ni les armes ne lui ont jamais permis d'espérer. C'est encore toute une collection de chansons belliqueuses : le Chant du glaive (*Schwertlied*), le Chant des artilleurs (*Artilleristenlied,*), le Chant des reitres (*Reiterlied*), le vieux Chant des combats (*Altdeutsches-Schlachtlied*), puis un *Preussiches National Lied :* « Je suis un Prussien », et *Die alten Deutschen,* « les Vieux Allemands », et combien de *Lieder der Deutschen,* de *Deutsche Lieder,* de *Vaterlandslieder,* que les soldats allemands chantent au commandement, dans leurs marches de parade, et qui sont répandus dans la nation tout entière, sans qu'il soit possible, dans aucune de ces chansons, de discerner la moindre étincelle de génie musical[1].

Parfois les disparates les plus choquantes apparaissent entre les paroles et la musique de Lieder qui prétendent à l'emploi de chants nationaux. Comment, par exemple, la jactance du fameux *Deutschland über alles,* « l'Allemagne au-dessus de tout », injurieux défi à l'humanité civilisée, a-t-elle pu s'accommoder avec la doucereuse mélodie de l'hymne d'Haydn, à laquelle l'auteur du poème a eu l'extraordinaire idée de l'associer?

Enfin, n'est-il pas étrange que la grandeur de l'Empire n'ait jamais pu inspirer à aucun musicien allemand un chant à sa

1. Il est, à la vérité, un chant que nous n'avons jamais trouvé dans tous ces *Liederbücher* répandus à profusion parmi le peuple allemand. Celui-ci y eût pourtant figuré avec honneur, réunissant sous le même titre les deux noms les plus illustres dont l'Allemagne puisse se glorifier : Schiller, Beethoven. C'est le chant de l'*Ode à la Joie,* dont l'accent, comme la forme, est si populaire. Mais il eût fallu chanter : *Alle Menschen werden Brüder,* « Tous les hommes deviennent frères ». Dans l'Allemagne contemporaine, cela se pouvait-il admettre?

STATUE

DE

ROUGET DE LISLE.

PAR BARTHOLDI

A

LONS-LE-SAULNIER.

TRANSLATION DES RESTES DE ROUGET DE LISLE AUX INVALIDES LE 14 JUILLET 1915.
STATION SOUS L'ARC DE TRIOMPHE DE L'ÉTOILE.

mesure et digne d'être exécuté en l'auguste compagnie des hymnes des autres grands États?

Ce n'est pourtant pas que les tentatives aient fait défaut.

Il y a au répertoire des cérémonies de cour un certain *Heil dir in Siegerkranz*, dont la versification vise à la magnificence, et qui fait office de chant officiel. Mais quelle est la musique sur laquelle se chantent ces paroles pompeuses? Celle du *God save the King!* C'est par les accords de l'hymne national anglais qu'est salué, dans ses fêtes, l'Empereur allemand!

Ainsi, le maître d'un peuple d'où sont sortis les plus grands musiciens du monde, n'a même pas su faire qu'un hymne national ait été composé exprès pour lui!

L'Allemagne a eu Beethoven, Bach, Mozart, d'autres encore devant le génie desquels il faudra toujours s'incliner. Mais la France seule a *la Marseillaise!*

IV

Il nous reste à tracer le dernier chapitre de l'histoire de *la Marseillaise,* chapitre encore inachevé, car, à l'heure où nous l'écrivons — octobre 1915 — les événements sont en train de le compléter de façon à en former la page la plus importante et certainement la plus glorieuse.

Nous avons laissé le chant de Rouget de Lisle à ses destinées au lendemain de 1870, au cours des années de politique incertaine durant lesquelles la République existait en nom plus qu'en fait. *La Marseillaise* avait encore, en ce temps-là, la réputation d'un chant d'émeute, et les gouvernements la redoutaient. Cependant, bien qu'il ne fût pas permis de l'exécuter publiquement, elle vivait mystérieusement au fond de tous les cœurs : elle y vibrait comme un chant d'espérance et de foi.

Aussi, quand, plusieurs années après les désastres, la France, jusqu'alors recueillie dans son effort de relèvement, se redressa soudain, lorsque, au milieu d'un joyeux élan populaire, l'Exposition de 1878 et les fêtes qui l'accompagnèrent, les plus belles que l'on eût vues depuis le 14 juillet 1790, manifestèrent que, loin d'avoir été frappée à mort, elle était redevenue plus vivante, plus active et plus prospère que jamais, rien ne put s'opposer à l'explosion d'un chant par où s'exhalait un sentiment irrésistible.

La Marseillaise sortit de toutes les bouches.

Toutes les occasions furent bonnes pour imposer l'éclat de ses impérieux accords.

Il nous souvient d'un dernier effort qui fut tenté par ses ennemis pour en combattre l'effet. A la fête du 30 juin 1878, à la fin d'un concert de musique nationale donné devant une grande foule populaire, au jardin des Tuileries, un orchestre et un chœur puissants firent entendre une chanson nouvelle que l'on annonçait comme devant être l'hymne officiel de la troisième République. Cette chanson : *Vive la France!* faite sur commande d'après l'initiative du gouvernement d'alors, avait pour auteurs un poète et un musicien dont les noms pouvaient à bon droit inspirer confiance, — Paul Déroulède, Charles Gounod — et ses intentions étaient pures. La foule l'écouta avec attention. Par quelques bravos, elle manifesta une approbation relative aux premiers couplets. Aux derniers, elle resta silencieuse et glacée. Mais bientôt un murmure gronda. Un cri s'éleva parmi la foule, pressant, impérieux, unanime : « *La Marseillaise!* » Les musiciens, déjà prêts à partir, reprirent leurs places, et, sans qu'il y eût eu nulle entente ni répétition préalable, firent entendre l'immortelle mélodie, que les mille voix du peuple redirent aussitôt, et qui jaillit, radieuse, illuminant la foule de son éclat joyeux et irrésistible.

La cause était jugée, *la Marseillaise* triomphait. Par la force des choses, elle était redevenue chant national.

Aussi, lorsqu'à quelques mois de là, le 4 février 1879, la proposition fut faite à la Chambre de la consacrer officiellement et définitivement pour tel, son adoption ne fut douteuse à aucun moment. Bien plus : il n'y eut même pas besoin de voter sur elle, car le député qui la soutenait, Barodet, rappelant qu'un décret de la Convention avait déjà proclamé le caractère national du chant de *la Marseillaise,* proposa de retirer son projet si le gouvernement s'engageait à se conformer à cette ancienne disposition. Et c'est au milieu des applaudissements prolongés de la gauche et du centre que le ministre de la Guerre, général Gresley, vint déclarer « qu'il appliquerait le décret du 26 messidor an III dans toutes les circonstances où il y aurait lieu de l'appliquer ».

Depuis ce jour, *la Marseillaise,* toujours jeune et vivace, n'a plus jamais cessé de symboliser harmonieusement la France, accueillie partout avec admiration et respect. Ceux qui exprimaient la crainte que le chant révolutionnaire fût écouté avec déplaisir par les souverains des pays amis, ont pu s'apercevoir à quel point ils s'étaient trompés. Pendant de longues années, ses accents belliqueux n'ont point paru hors de place dans les manifestations les plus pacifiques, et *la Marseillaise* parut cesser d'être un chant de guerre pour devenir le chant de l'action fraternelle, symbole de l'activité vive et féconde des nations unies. Les rois qui redoutaient jadis pour leurs peuples le contact de la vieille mélodie qui avait combattu contre eux, ont fini par ne plus la craindre et par l'accueillir en souriant. Point n'est besoin de rappeler ici quels augustes hommages elle a, pendant trente ans, reçus dans tout l'univers.

V

Or, la destinée a voulu que son rôle ne s'achevât pas dans la paix, et que le chant de 1792 eût un réveil qui, en le restituant à sa destination guerrière, devait lui permettre de révéler encore une fois son éternelle puissance.

Une des caractéristiques de la guerre allumée en août 1914 sembla d'abord être qu'elle serait la guerre où l'on ne chante pas. L'on n'a pas oublié l'impression de silence angoissé qui, dès la première heure, succéda au bruit de l'activité coutumière, la vie semblant se retirer soudain, ou plutôt se déplacer en se portant vers un point unique, et l'effort muet de tout le peuple se concentrant sur une seule pensée : repousser le barbare. Pas de cris, pas de chants : rien qui pût distraire de la volonté farouche d'être délivré.

Cependant, des espoirs, trop promptement réalisés pour être durables, firent bientôt battre les cœurs. Nos premiers combattants, dans leur élan héroïque, avaient pris des drapeaux à l'ennemi, sur la terre d'Alsace. Ces trophées furent portés à l'hôtel des Invalides, escortés par la musique de la Garde républicaine. Au moment où cette cérémonie eut lieu, nous n'avions pas entendu retentir un seul accord de musique depuis la déclaration de guerre, il semblait qu'il y eût un siècle. Quand passèrent les porteurs de l'emblème conquis, *la Marseillaise* retentit. Ah! comme cela nous réchauffa le cœur! Cette musique était évidemment la seule qui convînt à la situation; mais avec quelle ampleur elle s'y adaptait!

Depuis lors, il n'y a pas eu en France d'audition musicale où *la Marseillaise* n'eût sa place marquée, la place d'honneur. Et jamais l'on n'a mieux senti quelle en est la beauté inépuisable. *La Marseillaise* s'est avérée comme le chant qu'on ne se lasse pas d'entendre. Dieu sait cependant si nous l'avons entendue souvent! Non seulement elle fait passer le frisson auquel nul ne peut se soustraire, mais elle nous a appris à l'admirer pour ses qualités purement musicales. Elle a pris la patine dont aiment à être recouverts les chefs-d'œuvre du passé : elle ne semble déplacée auprès d'aucun d'eux. Soutenue par l'instrumentation à la fois vibrante et sobre de Berlioz et interprétée par un habile chanteur, elle prend l'allure d'une page classique. Entonnée par un chœur de sonorité puissante, elle vous enveloppe, vous étreint, vous écrase par sa grandeur. C'est le chant qu'on écoute debout et sur le passage duquel on ne peut s'empêcher de courber la tête.

La France libre a trois symboles : des couleurs, une date, un chant, — le drapeau, le 14 juillet, *la Marseillaise*. Une année telle que 1915 devait les réunir tous trois dans un même hommage, où le chant national serait mis à la place d'honneur. Au milieu de l'effort puissant accompli par la nation armée, il fallait qu'au jour de la fête un salut particulier fût adressé à *la Marseillaise,* drapeau harmonieux de la patrie.

C'est à la mémoire de l'auteur que cet hommage fut naturellement rendu. Quelqu'un proposa que les restes mortels de Rouget de Lisle fussent portés au Panthéon. L'idée fut accueillie. Mais elle avait été énoncée trop tard pour pouvoir être réalisée sur-le-champ, car une loi est nécessaire pour ouvrir aux élus l'accès du temple dédié aux grands hommes par la Patrie reconnaissante. En attendant que cette loi fût votée par les Chambres, il fut décidé que le corps de Rouget de Lisle serait déposé provisoirement aux Invalides. — Ne nous arrêtons pas ici à commenter l'ironie de la destinée qui a voulu que l'auteur de *la Marseillaise,* dont nous avons connu les querelles avec ses plus notables contemporains, vînt prendre place aux Invalides, dans la compagnie de Napoléon, avant d'aller reposer définitivement au Panthéon, auprès de Carnot. Renan l'a dit : « Tyrtée a valu une armée... *La Marseillaise* est le premier chant des temps modernes, puisqu'à son jour elle entraîna les hommes et les fit vaincre. Le mé-

Rouget de Lisle sur la frise de l'arc de triomphe de l'Étoile.

rite personnel, à cette hauteur, est peu de chose ; tout dépend de la prédestination. » En effet : Rouget de Lisle, qui n'eut jamais, dans sa longue vie, aucune autre fonction que d'avoir composé le chant de la France, a été, par cela seul, digne de trouver sa dernière demeure dans ces glorieuses fréquentations.

Dans la matinée du 14 juillet 1915, les restes de Rouget de Lisle, exhumés du cimetière de Choisy-le-Roi où ils étaient depuis quatre-vingts ans, furent transportés sous l'Arc de triomphe, passant sous la frise où l'image de l'auteur est sculptée parmi d'autres hommes célèbres de la République et de l'Empire, stationnant un moment auprès du bas-relief de Rude, superbe commentaire de son chant. Monté sur l'affût d'un canon, le cercueil fut porté dans la cour d'honneur des Invalides, escorté par un cortège, surtout militaire, dont l'appareil sévère convenait à la fois au grave caractère de la solennité et à une époque où il n'était pas encore temps de se réjouir. En de noble paroles, le Président de la République rendit hommage « à la mémoire de l'officier français par qui s'exprima, en une heure tragique, l'âme éternelle de la Patrie », et il proclama « la volonté de vaincre, la certitude de vaincre » de la France « levée tout entière, frémissante, aux mâles accents de *la Marseillaise* ». Du haut des portiques entourant la vaste cour, des voix d'une rare beauté firent alterner les strophes du chant qui était le véritable héros du jour, et dont les sons retombèrent en une harmonie sereine et splendide ; et la foule massée au bas, citoyens et soldats, tous unirent leurs voix pour reprendre avec ferveur l'ardent refrain qui appelle aux armes. Bien que la personnalité de l'auteur ait dû, en pareil jour, s'effacer derrière son œuvre, il n'en faut pas moins avouer que la mémoire de l'homme qui fut cause première de tels résultats est une mémoire bénie.

Depuis ce jour, encore proche, *la Marseillaise* continue à graver son histoire dans l'airain, dans l'acier, à travers la poudre et parmi les rangs de ses ennemis. Le jour viendra bientôt, nous n'en doutons pas, où rentrant dans la carrière pacifique qu'elle a dignement parcourue pendant plusieurs années, elle ne sera plus seulement le chant de la France, mais deviendra l'hymne de tous les peuples civilisés unis contre la domination de la force brutale et la barbarie.

En attendant, retournant à sa destinée première, elle redevient le chant de guerre, né jadis du désir enthousiaste de combattre et de vaincre les mêmes ennemis.

A l'heure même où nous traçons ces dernières lignes, on vient de l'entendre clamer de nouveau dans les plaines de Champagne, prolongement de ce champ de bataille de Valmy où, pour la première fois il y a cent vingt-trois ans, l'*Hymne des Marseillais* célébra la victoire. Comme à Jemmapes, c'est en chantant *la Marseillaise* que les héros de la troisième République, dignes fils des hommes de 1792, se sont élancés sur l'ennemi caché dans ses tranchées et l'ont obligé à sortir de terre et à se rendre.

La guerre a donc cessé d'être silencieuse, et c'est en reprenant les vieilles traditions du chant national qu'elle a dû ce renouveau d'ardeur.

Mais ce n'est pas encore assez. Il faut que *la Marseillaise* redevienne le chant triomphal, et que, toujours consciente de ses origines, elle remonte plus haut encore, qu'elle retourne à son point de départ, qu'elle revienne au lieu de sa naissance. Quelle fête radieuse sera celle où, après un dernier effort, nous l'entendrons chanter sur la place de Strasbourg où, par un matin d'avril, elle rythma pour la première fois les pas des soldats français en marche pour commencer la guerre séculaire! Quelle joie enivrante quand les voix du peuple d'Alsace, unies à celles de la France libératrice, feront entendre en un splendide unisson le chant victorieux :

> Allons, enfants de la Patrie,
> Le jour de gloire est arrivé!

Le jour de gloire!... Oh! il faut que nous voyions cela!... Nous le verrons bientôt.

Paris, le 1er novembre 1915.

ROMANCES DE ROUGET DE LISLE

Les quelques morceaux de musique que nous avons choisis dans l'œuvre de Rouget de Lisle et par lesquels se complétera cette histoire du chant national, donneront une idée fidèle de la nature et des qualités musicales de son auteur. Ils révèlent des qualités mélodiques et un sentiment expressif remarquables, en même temps que, par l'esprit des poèmes comme par la sincérité de l'accent, ils confirment que l'amour de la patrie, du pays natal et de la nature, fut, pour l'auteur de *la Marseillaise*, la source essentielle et presque exclusive d'inspiration.

Ces chants appartiennent à toutes les époques de la vie de Rouget de Lisle. Les uns remontent à sa jeunesse et furent publiés dès le XVIIIe siècle; d'autres sont d'un âge postérieur et ne nous sont connus que par les *Cinquante chants français* de 1825. Il convient d'ailleurs de remarquer que l'auteur a inséré dans ce recueil des compositions de la première partie de sa vie, après leur avoir fait subir des remaniements de forme : tel est le cas, par exemple, pour le *Roland à Roncevaux* que nous savons avoir été écrit à Strasbourg quelques jours après *la Marseillaise*.

Cinquante
CHANTS FRANÇAIS

PAROLES

de différens auteurs.

Roland. Chant 1er

Je meurs pour la Patrie!...

Mises en musique avec accompag.nt de Piano,

par

ROUGET DE LISLE

RDL

Lith de G. Engelmann.

TITRE DU RECUEIL DE CHANTS FRANÇAIS DE ROUGET DE LISLE.

ROLAND A RONCEVAUX

Chant national.

Strasbourg, *Mai* 1792.

guer - re, De la gloire et de ses ha - sards. Mou-
-rons pour la Pa - tri -- e, Mourons pour la Pa - tri - e,
Dessus
C'est le sort le plus beau, le plus di - gne d'en-vi - - - e. Mou-
CHŒUR
p
Ténors et Basses
p
Mou-
D.
-rons pour la Pa - tri .. e, Mourons pour la Pa - tri - e;
T. et B.
-rons pour la Pa - tri - e, Mourons pour la Pa - tri - e:

f
C'est le sort le plus beau, le plus di_gne d'en vi_ e.
f
C'est le sort le plus beau, le plus di_gne d'en vi_ . . . e.
f
2
Voy_ez-vous ces drapeaux flot_tants Cou_vrir les plai_nes, les mon_
_ta_gnes, Plus nombreux que les fleurs des champs? Voyez-vous ces fiers mé_cré_
_ants Se ré_pan_dre dans nos cam_pa_gnes, Pareils à des loups dé_vo_rants? Mou_
3
"Combien sont-ils? Com_bien sont_ils?" Quel homme en_ne_mi de sa
gloi_re Peut de_mander com_bien sont_ils? Eh! de_mande où sont les pé_
_rils: C'est là qu'est aussi la vic_toi_re; Lâ_che sol_dat! combien sont-ils? Mou_
4
Sui_vez mon pa_nache é_cla_tant, Fran_çais! ain_si que ma ban_
_niè_re, Qu'il soit le point de ral_lie_ment. Vous savez tous quel prix at_
_tend Le bra_ve qui dans la car_riè_re Mar_che sur les pas de Ro_land... Mou_
5
Fiers pa_la_dins, pieux che_va_liers, Et toi sur_tout, mon frè_re
d'armes, Toi, Re_naud, la fleur des guer_riers! Voyons de nous qui les pre_
_miers, Dans leurs rangs portant les a_lar_mes, Rompront ce mur de bou_cli_ers. Mou_

6
Courage, en_fants, ils sont vain _ cus; Leurs coups dé _ jà _ se ra _ len-
_tis_sent; Leurs bras de_meu_rent sus_pen _ dus. Cou_rage! Ils ne résistent
plus; Leurs ba_tail_lons se dé_su_nis_sent; Chefs et sol_dats sont é _ per _ dus. Mou-
7
Quel est ce vaillant Sar_ra_sin Qui, seul, ar _ rê_tant notre ar_
_mé_e, Balance en _ co _ re le des _ tin? C'est Al_ta_mor, c'est lui qu'en
vain Je combat_tis dans l'I_du_mé _e: Mon bon_heur me l'amène en _ fin! Mou-
8
En_tends-tu le bruit de mon cor? Je te dé _ fie à toute ou _
_tran_ce: M'en_tends _ tu, su _ perbe Al _ ta _ mor? Mon
bras te don_nera la mort, Ou si je tom _ be sous ta lan _ ce, Je m'é_cri_
_rai, fier de mon sort: Je meurs pour la Pa _ tri _ e, Je meurs etc.
9
Je suis vainqueur, je suis vain _ queur... En voy_ant ma lar _ ge bles_
_su_re, Amis, pourquoi cet_te dou_leur? Le sang qui coule au champ d'hon_
_neur, Du vrai guerrier c'est la pa _ ru _ re; C'est le ga_rant de sa va_
_leur... Je meurs pour la Pa _ tri _ e, Je meurs pour la Pa _ tri _ e, etc.

HYMNE AU SOLEIL COUCHANT

-lan- -te Pè-re du jour tu ré-pands dans les
cieux! Tu vas fi-nir ta carrière é-cla-tan-te
Et ton front brille en-cor plus ra-di-
p
cresc.
cresc.

-eux Tel - le quit - tant son ar -
f
pp
f
-gi - le gros - siè - re Et libre en - fin de tout li -
-en mor - tel L'â - me du juste à son
cresc.
p
cresc.

(1) Dans les *Cinquante chants français*, la cadence mélodique est celle-ci, qui nous paraît plus heureuse :

2

Quand devancé par le Char de l'Aurore
Tu reparais vers les portes du jour

Aux premiers feux dont l'aube se colore

Le monde entier cé_lè_bre ton retour.
Et moi, pareille à l'oiseau des ténèbres,
Les yeux blessés de l'éclat qui te suit,
Je fuis... je cours vers les antres funèbre

Où tes rayons chassent l'ombre et la nuit

3

Mais ton déclin dans mon âme flétrie
Porte la paix, l'espoir consolateur:
Du doux repos qui succède à la vie
Il est pour moi le présage flatteur.

Tel, é_puisé par un lointain voyage

Et découvrant son paisible foyer,
Le voyageur soupire, prend courage,
Et gagne enfin l'asile hospitalier

MONTAIGU

Élégie.

p
2
I _ ci ma douce et tendre mère E_pi _ a mes premiers ac_cents; I _ ci l'œil inqui _
_et d'un pè_re Surveillait mes défauts naissants. - Aux jeunes accords, de ma ly_re, I_ci, plein d'un
trouble enchan _ teur, Je vis la beau_té me sou ri_re Et sen_tis palpi_ter mon cœur
8
3
Sa_lut tours, an_tique chapelle, Or_nements de ces beaux lointains; Forêts dont l'ombre
so_len_nel_le Pro_tégea mes jeux enfantins! Sa_lut monts aux ci_mes gla _ cé_es! Sa_lut som
mets au_da_ci _eux, Qui frappant mes jeunes pen_sé_es, A_vec vous les portiez aux cieux!
8
4
Que j'aime, que j'aime le calme qui règne Sous ce beau ciel d'or et d'a_zur! Qu'avec dé _ li _ces
je me baigne Dans cet air balsa_mi _ que et pur! Qu'avec dé _ li_ces je m'é_veille Aux sons rus_
_tiques et con_nus Qui font re_naître à mon o_reille Les temps qui ne re _ viendront plus.
8
5
Lieu che _ ri! pendant les o_ rages Tu fi_xais mon œil rassu_ré: Je vins, tout froissé
des naufrages, Te croyant le port dé_si_ré Vain es_poir! Séduisant men_songe! Projets si
doux sans ave_nir! Ah! pour moi vous ê_tes un songe Que je tremble de voir fi_nir!
8

6

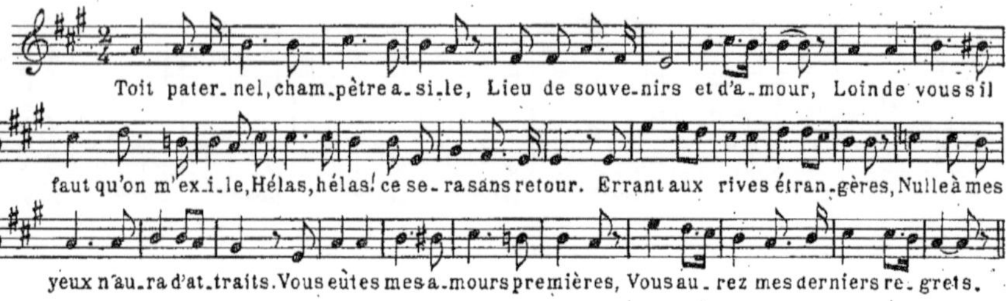

Voici, pour terminer, quelques vers qui vont nous permettre de faire apprécier le talent de Rouget de Lisle comme poète. Ils sont tirés de l'idylle : *La Matinée*, qui, écrite par l'auteur pendant son dernier séjour en Franche-Comté, sort de la même inspiration qui lui dicta vers le même temps la touchante romance *Montaigu*. Mêlant dans le même poème la musique et le vers parlé, Rouget de Lisle raconte une promenade matinale faite dans le « vallon cher à ses premiers ans » ; après y avoir trouvé quelques sujets d'attendrissement, il conclut par ces vers, à travers lesquels il nous semble percevoir un véritable sentiment Lamartinien :

O douce paix des champs! ô plaisirs purs et vrais
Que tous ceux des cités n'égalèrent jamais,
Il faut donc vous quitter! Sur le déclin de l'âge,
Il faut abandonner cet antique héritage;
Il faut aller mourir, et, loin de mon berceau,
Chercher le coin obscur qui sera mon tombeau.
Il le faut!... J'obéis. Quelque épreuve cruelle
Que me réserve encor la Fortune infidèle,
Mon souvenir du moins me tiendra près de vous,
Pénates adorés qui me furent si doux!
Telle, du lieu natal par les Autans chassée,
Vers lui Progné toujours reporte sa pensée,
Se rappelle ces eaux, ces ombrages, ces airs,
Ces nids, à son enfance, à ses amours si chers,
Et, près de terminer sa languissante vie,
Tourne un regard mourant vers sa douce patrie!

C'est par ce dernier mot — nous ne l'avons pas cherché — que devait nécessairement finir ce livre.

BIBLIOGRAPHIE

OUVRAGES DE ROUGET DE LISLE

1° ŒUVRES IMPRIMÉES PENDANT LA VIE DE L'AUTEUR (premières éditions).

1791. *Hymne à la Liberté* (musique de Pleyel), imprimé à Strasbourg, chez Dannbach (chant et clavecin et chant seul), in-4° obl. — et à Paris (1795), au Magasin de musique des fêtes nationales (chant et basse).

1792. *Chant de guerre pour l'armée du Rhin* (*Hymne des Marseillais, la Marseillaise*). Première édition imprimée à Strasbourg, chez Dannbach, en mai (chant seul, ritournelle de violon et paroles des couplets), in-4° obl. Aucun exemplaire de cette édition n'est connu à Paris; un petit nombre est signalé comme conservé dans des collections de Strasbourg (Voy. MORPAIN, ci-dessous, p. 14). Kastner en a fait établir un fac-similé, retrouvé parmi les papiers qu'il a laissés à la Bibliothèque du Conservatoire; c'est d'après ce document qu'a été faite la reproduction ci-dessus, pp. 48-50. La reproduction des pp. 76-78 est faite d'après une autre édition du XVIIIe siècle, postérieure à 1792, mais antérieure à l'an VII; le chant y est reproduit d'après l'édition originale, accompagné d'une partie de clavecin dont la gaucherie sent bien l'amateur, et qui pourrait remonter aux premières auditions d'avril 1792, à Strasbourg, dans la maison de Dietrich. — Nous ne pouvons pas énumérer ici toutes les éditions parues à Paris et ailleurs à partir de l'automne 1792, et par lesquelles on peut suivre les diverses variations de la mélodie introduites par la tradition populaire; on en trouvera le détail dans quelques-uns des ouvrages signalés ci-après.

1792. *Roland à Roncevaux*, imprimé (postérieurement à cette date) à Paris, chez Leduc (chant et clavecin, chant seul).

1793. *Hymne à la Raison*, paroles imprimées à Paris en l'an II; musique (chœur à 3 voix avec accompagnement de violon et piano) postérieurement, chez Leduc.

1794. *Joseph Rouget Delisle, capitaine au corps du génie, au peuple et aux représentants du peuple*, — *Montagne du Bon air* (Saint-Germain-en-Laye), *le ... an deuxième de la République*.

1794. *Hymne dithyrambique sur la conspiration de Robespierre et la Révolution du 9 thermidor*, Paris, Imbault (chant et basse et part. sép. chant et orchestre).

1796. *Essais en vers et en prose, par Joseph Rouget de Lisle. A Paris, de l'imprimerie de P. Didot l'aîné, an V de la République.* — Contient les paroles de 42 morceaux, dont la plupart sont les pièces de vers écrites par l'auteur avant la Révolution, y compris la nouvelle, *Adélaïde et Monville* (n° 23). A la fin, musique de *l'Hymne à l'espérance*, notée à 2 voix.

1796. *Romances avec accompagnement de forte-piano et de violon obligé par Joseph Rouget de Lisle... Au magasin de musique, rue des Fossés Mont-martre, n° 4, et aux adresses ordinaires.* — Parues en quatre cahiers, d'une extrême rareté. La Bibliothèque nationale ne possède que le troisième, dédié à Eugénie Beaumarchais.

1798. *Le Chant des vengeances, paroles et musique de J. Rouget de Lisle...* Paris, Pleyel et aux adresses ordinaires (chant et basse).

[Nous ne signalerons plus désormais les morceaux de Rouget de Lisle parus séparément, et qui, pour la plupart, ont trouvé place dans le recueil général de *Cinquante chants français*].

1818. *La Matinée, idylle, par* M. R. D. L., chez Firmin-Didot. — Poème et chant noté.

1825. *Cinquante chants français. Paroles de différents auteurs. Mis en musique avec accom-*

pagnement de piano, par Rouget de Lisle. Chez l'auteur, 21, passage Saulnier. Une nouvelle édition de ce recueil, après retranchement de deux morceaux, a paru postérieurement, chez Schlesinger, sous le titre de *Quarante-huit chants français.* L'ouvrage contient l'ensemble des compositions musicales de l'auteur depuis sa jeunesse jusqu'à l'époque de la publication (des morceaux séparés cités ci-dessus, seul l'*Hymne à la Raison* fait défaut). En ce qui concerne les anciens morceaux de chant, les accompagnements de piano diffèrent de ceux des versions primitives.

1834. *Historique et Souvenirs de Quiberon, Mémoire de Rouget de Lisle* (*Mémoires de tous*), 1 vol. avec carte.

Divers articles, pièces de vers, traductions, etc. dans *la Feuille de Strasbourg*, *la Chronique de Paris, le Républicain français*, *la Revue britannique, les Mémoires de tous*, etc.

2° ŒUVRES RESTÉES EN MANUSCRIT

Bayard dans Bresce (ou *Bresse*), opéra-comique représenté en 1791 (musique de Champein). Un manuscrit intitule cet ouvrage *Créqui et Clémentine.*

Jacquot ou l'École des mères, opéra-comique représenté en 1798 (musique de Della-Maria).

Macbeth, opéra représenté en 1827 (musique de Chelard).

[A ces trois poèmes d'opéras, il faut joindre *Cécile et Ermancé* ou *les Deux Couvents*, opéra-comique représenté en 1792 (musique de Grétry), dont le texte n'a pas été conservé, et *le Chant des Combats*, paroles et musique de Rouget de Lisle, mis en scène à l'Opéra en 1800, et qui ne nous est connu que par la réduction parue dans les *Cinquante chants français.* Rappelons que *Le Chant des Vengeances* a été mis en scène à l'Opéra en 1798, et que *la Marseillaise* forme la partie essentielle de *l'Offrande à la Liberté*, représentée à l'Opéra en 1792 et années suivantes].

Pièces de théâtre non représentées :

Adélaïde de Walfingue ou les Mœurs du XIIIe *siècle* (d'ap. Kotzebue), drame. — *Marguerite d'Anjou*, id. — *Le Fat confondu*, comédie. *L'Ile déserte* (ou *inhabitée*), id. *Fierval ou le Fanfaron démasqué*, id. — *Almanzor et Féline*, opéra. *Othello*, id. *Semiramis*, id. *L'Ile enchantée* (d'après Métastase), comédie mêlée de chant. *L'Aurore d'un beau jour* ou *Henri de Navarre*, id.

Romances, paroles et musique (ou musique sur des paroles d'autres poètes). Pièces de vers et de prose. Lettres.

Les papiers personnels de Rouget de Lisle ont été laissés par lui à Mme Voiart, dans la maison de qui il est mort à Choisy-le-Roi. Celle-ci a cédé à la Société d'Émulation du Jura les manuscrits musicaux (romances, notées généralement pour voix seule, avec la place laissée en blanc pour des accompagnements de piano. Voir un fac-similé ci-dessus, p. 105). Cette importante collection, seul autographe musical de Rouget de Lisle aujourd'hui connu, forme actuellement quatre gros volumes in-folio, conservés à la Bibliothèque municipale de Lons-le-Saulnier. En outre, Mme Voiart a mis en vente d'autres papiers (*Catalogue de vente des manuscrits autographes de Rouget de Lisle*, 23 et 24 février 1838), dont la collection a été acquise par un amateur, puis de nouveau mise en vente après la mort de ce dernier (*Catalogue d'autographes composant le cabinet de M. Pochet-Deroche*, 3 avril 1882, Eug. Charavay. Cf. A. Lecomte, *Rouget de Lisle*, pp. 196 et suiv.). — Une autre collection importante d'autographes et documents provenant de Rouget de Lisle, différente de la précédente, a été mise en vente en 1883 ; elle est détaillée dans le *Catalogue d'une importante collection de lettres autographes*, etc. 26 novembre 1883, Eug. Charavay. D'autres catalogues, français et étrangers, ont fait mention de nombreux manuscrits et lettres de notre auteur.

Ces pièces sont actuellement disséminées dans diverses collections. Nous signalerons notamment celle de M. Le Petit (mort récemment) comprenant des lettres à Bonaparte, à Barras, au Directoire (au sujet de Carnot), etc., des poésies détachées, sept pièces de théâtre, etc. La collection des lettres de Rouget de Lisle à sa mère et à sa sœur, de 1806 à 1812, est conservée par la Bibliothèque de la Ville de Paris. La Bibliothèque municipale de Besançon possède une importante collection de manuscrits et imprimés provenant de son ancien bibliothécaire Ch. Weiss, notamment les lettres à lui écrites par Rouget de Lisle de 1813 à 1827. Un grand nombre de ces lettres et morceaux littéraires ont été publiés après la mort de Rouget : voir notamment, dans *le Siècle* de 1848, une série de feuilletons parus du 5 au 26 mai, sous le titre de *Rouget de Lisle, sa biographie, sa correspondance et ses œuvres inédites*, par Félix Dériège, et contenant, notamment, ses lettres à Carnot et à Bonaparte; un supplément (*Musée littéraire du Siècle*) donne le texte de *Rosa mourante* et de la comédie *Fierval* ou *le Fanfaron démasqué ;* Alfred Lecomte, *Rouget de Lisle*, a reproduit à son tour la plupart des mêmes documents; voir aussi Julien Tiersot, *Rouget de Lisle.*

Autres documents : Archives de la Guerre. Papiers de la famille Diétrich, etc.

Dans les derniers temps de sa vie, nous l'avons dit, Rouget de Lisle recevait souvent des visites de gens qui lui demandaient le récit de la composition de *la Marseillaise;* parfois, il écrivait à leur intention les six strophes et les leur offrait en souvenir. Plusieurs de ces copies autographes ont été conservées. La Bibliothèque nationale, notamment, en possède une, écrite pour David d'Angers. Celle dont nous avons reproduit le fac-similé ci-dessus (pp. 51-53) appartient à la Bibliothèque du Conservatoire, où elle est entrée avec les papiers provenant de Georges Kastner (voir ci-après).

LIVRES ET ÉCRITS SUR ROUGET DE LISLE ET « LA MARSEILLAISE »

1° BIOGRAPHIE ET OUVRAGES D'ENSEMBLE

Le présent ouvrage est en partie extrait et résumé d'après le livre suivant :

JULIEN TIERSOT, *Rouget de Lisle, son œuvre, sa vie* (ouvrage couronné par l'Institut), Paris, Delagrave, 1892.

Les lecteurs désireux de connaître les justifications et indications de sources, ainsi que des développements biographiques supprimés dans la publication actuelle, les trouveront dans ce premier ouvrage.

Du même auteur : *Les Chansons de la Révolution*, art. de *la Nouvelle Revue*, 15 juin 1884. — *Musique de chant de l'époque révolutionnaire*, conférence, *Bulletins du Cercle Saint-Simon* (Société historique), mai-juin 1886. — *Les Fêtes et les Chants de la Révolution française*, 1908. — *La Marseillaise*, version officielle du Ministère de l'Instruction publique (établie en 1910), notice de Julien Tiersot. — *La Marseillaise à l'Ecole*, *Revue pédagogique*, avril 1911. — *Lettres de musiciens* dans la *Rivista musicale italiana*, 1911. — Voir ci-après : CONTESTATIONS, etc.

Articles biographiques : CHORON ET FAYOLLE, *Dictionnaire historique des musiciens*, Paris, 1811. — E. L. GERBER, *Lexikon der Tonkünstler*, Leipzig, 1813. — *Biographie Michaud*, article rédigé par Charles Weiss, renseigné lui-même par Rouget de Lisle (voir sa lettre à Weiss écrite de Montaigu, 24 avril 1817). — *Biographie Didot*, article de Denne-Baron. — J. F. FÉTIS, *Biographie universelle des musiciens*. Cet article, contestant à Rouget de Lisle la paternité du chant de *la Marseillaise*, a donné lieu à des polémiques à la suite desquelles le biographe, ayant avoué son erreur, a déclaré l'intention de modifier son texte; mais cette modification, imprimée sur un feuillet rapporté, n'a été introduite que dans un petit nombre d'exemplaires (voir notamment un de ceux que possède la Bibliothèque du Conservatoire).

GINDRE DE MANCY, *Notice biographique sur Rouget de Lisle* dans les *Travaux de la Société d'Emulation du département du Jura pendant l'année* 1837, Lons-le-Saulnier, 1838. — *Rouget de Lisle*, dans la *Revue Littéraire de la Franche-Comté*, Besançon, 1864.

DÉSIRÉ MONNIER, *Annuaire historique du département du Jura*, Lons-le-Saulnier, 1841, 1849. — *Souvenirs d'un octogénaire de province*, id. 1871.

F. DÉRIÈGE, *Le Siècle*, 1848 (voir ci-dessus).

G. KASTNER, *les Chants de l'armée française*, Paris, 1855. *L'Essai historique sur les chants militaires des Français* qui sert d'introduction à ce recueil musical, consacre d'importantes pages à Rouget de Lisle et à *la Marseillaise*. — *La Marseillaise, étude historique et musicale précédée d'une notice sur Rouget de Lisle* (*Courrier du Bas-Rhin* du 11 novembre 1864). — Mort en 1867, Kastner avait laissé dans ses papiers les éléments d'une biographie de Rouget de Lisle destinée à paraître en volume; ses papiers ayant été (en partie) donnés plus tard à la Bibliothèque du Conservatoire, j'ai constaté, en les examinant, que cet ouvrage était en cours d'impression à Strasbourg en août 1870. L'on devine quelle en fut la destinée!... Le livre n'ayant jamais paru, et le dossier le concernant renfermant plusieurs dessins intéressants et inédits destinés à l'illustrer, nous n'avons pas hésité à en faire usage dans le présent livre (pp. 38, 41, 112, 113, 133 et 2 planches hors-texte). Nous nous faisons un devoir de signaler ici l'origine de ces précieux documents.

POISLE-DESGRANGES, *Rouget de Lisle et la Marseillaise*, Paris 1864.

AD. CHEVASSUS, *Rouget de Lisle*, Lons-le-Saulnier, 1869 (documents sur le séjour à Montaigu).

MARY-CLIQUET, *Rouget de Lisle*, br. s. d. (vers 1880).

LE ROY DE SAINTE-CROIX, *le Chant de guerre pour l'armée du Rhin ou « la Marseillaise »*, Strasbourg, 1880.

CONSTANT PIERRE, *la Marseillaise, comparaison des différentes versions*, Paris, 1887.

ALFRED LECONTE, *Rouget de Lisle, sa vie, ses œuvres*, « *la Marseillaise* ». Paris, 1892 (ouvrage d'une composition singulièrement désordonnée et d'un esprit critique discutable, mais reproduisant de nombreux textes inédits d'écrits de Rouget de Lisle).

Alfred B. Bénard, *La Marseillaise et Rouget de Lisle, légende historique racontée à ses petits-enfants.* Paris, 1907 (le sous-titre « légende » est en effet celui qui convient à ce livre).

André Lanier, *Rouget de Lisle*, conférence. Besançon, 1907.

Jean Richepin, *La Marseillaise et les Volontaires de 1792*, conférence. *Journal de l'Université des Annales*, 1er mai 1915.

Discours de M. R. Poincarré, Président de la République, lors du transfert des cendres de Rouget de Lisle aux Invalides, 14 juillet 1915.

Articles historiques du *Temps*, 12 août 1830 (Masclet); 31 juillet et 28 août 1892 (Anatole France); 15 juillet 1915 (Dr Fr. Helme et C.). *Intermédiaire des chercheurs et des curieux*, vol. I, II, III, XXXIV, XXXV. *Courrier du Bas-Rhin, Revue et Gazette musicale, Ménestrel, France musicale, Art musical*, etc., *passim.*

Consulter aussi les livres suivants :

Grétry, *Essais sur la musique.* — *Mémoires sur Carnot.* — Correspondance de Carnot. — Correspondance de Béranger. — *Mémoires* de Berlioz. — Th. Muret, *L'Histoire par le théâtre*, Paris, 1865, t. I. — Pollio et Marcel, *Le Bataillon du 10 août*, Paris, 1881. — Chuquet, *Jemmapes, La Trahison de Dumouriez.* — Thiers, Lamartine, Michelet, Edgar Quinet, Louis Blanc, *passim.*

2° ORIGINE DE LA MARSEILLAISE A STRASBOURG

Outre les journaux de Strasbourg en 1792, la lettre de Mme Dietrich (ci-dessus, p. 46) les récits postérieurs de Rouget de Lisle (documents cités ou reproduits dans mon premier livre sur Rouget de Lisle), enfin les écrits de Kastner et Leroy de Sainte-Croix mentionnés dans la série « Biographie et ouvrages d'ensemble », citer :

L. Spach, *Notice sur Frédéric de Diétrich*, Strasbourg, 1857.

Fr. C. Heitz, *les Sociétés politiques de Strasbourg.*

Morpain, *Souvenirs historiques d'Alsace... 1792, Rouget de Lisle à Strasbourg et à Huningue*, Strasbourg, 1872.

E. Seinguerlet, *Strasbourg pendant la Révolution*, Paris, 1881.

F. Reiber, *le Centenaire de la Marseillaise*, Strasbourg, 1892.

F. Breunig, *Deux Alsaciens* (Dominique et Frédéric Dietrich), Paris, 1913.

3° CONTESTATIONS AU SUJET DE LA PATERNITÉ DE LA MARSEILLAISE

Outre la *Biographie* de Fétis et mon livre sur Rouget de Lisle renfermant un important chapitre sur cette question, citer :

Amédée Rouget de Lisle, *la Vérité sur la paternité de la Marseillaise*, Paris, 1865.

A. Loth, *le Chant de la Marseillaise, son véritable auteur*, Paris, 1886.

Julien Tiersot (articles), *Progrès artistique*, juillet-août 1886. — *Le Chant de la Marseillaise et l'oratorio « Esther », comparaison des textes musicaux* (notations), Ménestrel, 1892 (tirage à part). — *Intermédiaire des chercheurs et des curieux*, 10 mai 1897. — *Zeitschrift der Internationalen Musik Gesellschaft*, février 1901.

AU SUJET DU COUPLET DES ENFANTS

Louis Du Bois, *Notice sur la Marseillaise*, Lisieux, 1848.

Julien Travers, *Biographie de M. Louis du Bois*, Caen, 1857.

E. J. Savigné, *Un couplet de la Marseillaise et l'abbé Pessonneaux*, Vienne, 1900 (ouvrage reproduisant, après une partie nouvelle, deux écrits de l'auteur antérieurement publiés sur le même sujet en 1872 et 1877).

Anatole France, articles du *Temps* (voir ci-dessus),

Julien Tiersot, *le Couplet des Enfants dans « la Marseillaise »*, art. de *la Révolution française*, avril 1901.

Typographie Firmin-Didot et Cie. — Mesnil (Eure).

www.ingramcontent.com/pod-product-compliance
Ingram Content Group UK Ltd.
Pitfield, Milton Keynes, MK11 3LW, UK
UKHW031848260826
14628UKWH00002B/657

9 782019 640538